IN *love*

DeA

Eliana di Nunzio

IN love

A volte basta un tweet
perché i sogni si avverino

DeA

Redazione: via Inverigo, 2 – 20151 Milano

www.deaplanetalibri.it

Stampa: PuntoWeb s.r.l., Ariccia - 2017

prefazione

DI ALBERICO DE GIGLIO

Ciao a tutti,

quello che avete tra le mani è un romanzo molto speciale per me.

Quando ho iniziato a leggerlo per la prima volta, non pensavo che mi sarebbe piaciuto così tanto. E invece non riuscivo più a staccarmi dalle pagine. Fin dal primo momento mi sono ritrovato a fare il tifo per Bea, a ridere e – devo ammetterlo – anche a commuovermi. Mi sono appassionato a questa storia come se fosse mia. E, be', in fondo un po' lo è!

Perché, anche se le cose che questo romanzo racconta non sono accadute realmente, sembra proprio che siano vere.

Eliana ha avuto la capacità di inventare situazioni credibili, che mi hanno fatto sorridere e pensare: *Caspita, que-*

sto sembro proprio io! Perciò sì, vi confesso che l'Alberico che troverete in queste pagine mi assomiglia moltissimo: fa e dice quello che io stesso avrei fatto o detto trovandomi al suo posto, o in una situazione simile.

Ragazze, è davvero incredibile quanto bene voi fan mi conosciate! È quasi magico, mi fate sentire speciale.

Perciò, grazie. Grazie a Eliana, che ha inventato questa storia straordinaria, e grazie a voi, che mi sostenete sempre e rendete la mia vita meravigliosa ogni giorno. È emozionante scoprire di avere fan come voi!

Ma ora vi lascio al romanzo.

Spero che leggendolo possiate appassionarvi alla storia di Alberico e di Bea, proprio come è successo a me.

Ad Alberico,
che ha reso possibile
la realizzazione di un mio grande sogno

capitolo 1

BEATRICE'S POV

Biiip.

Lo smartphone vibra nel bel mezzo della lezione, segno che mi è appena arrivata una notifica di Twitter.

Prendo il telefono da sotto il banco e, senza farmi vedere dalla professoressa di chimica, che sta interrogando Carlo e Serena alla lavagna, sblocco lo schermo.

@Albericoyes: Buongiorno ragazze! Vi amo tantissimo!

È Alberico. Sorrido pensando a quanto è dolce. Come al solito, appena leggo le sue parole inizio a sentire uno strano formicolio nello stomaco.

Il fatto è che ogni volta che lui scrive qualcosa su Twitter io mi sento davvero felice, proprio come se l'avesse scritto soltanto per me. Retwitto e aggiungo ai preferiti il tweet, per poi bloccare il display e riprendere a seguire la lezione. O almeno, ci provo.

Pochi secondi e lo smartphone vibra di nuovo. Sullo schermo vedo la fotografia di un negozio di fiori: un mucchio di rose rosse, piante sempreverdi e un gigantesco mazzo di allegri girasoli, con davanti Alberico che indossa una felpa gialla e fa una linguaccia.

@Albericoyes: Ma quando finisce l'inverno? Io non vedo l'ora che sia primavera!

Questa volta decido di rispondere. Ci penso un po' su, prima di mettermi a digitare velocemente, di nascosto da sotto il banco, un messaggio per lui.

@httpalberico: @Albericoyes Voglio quel fiore giallo in primo piano! No, non il girasole... tu! ☺

Alzo gli occhi verso la cattedra e, mentre Serena spiega la composizione chimica dell'acqua, non so perché mi scappa un sorriso. In quel momento la professoressa ha la bella idea di interrogare anche una terza persona. E mi chiama alla lavagna.

**

«Beatrice, muoviti! Perderemo la metro!» mi urla contro una voce.

Lei è Chiara, Chiar o Chiars, a seconda dei casi, ed è la mia migliore amica. L'ho vista comparire dal nulla davanti al cancello della scuola, e ora mi tira per un braccio e mi trascina via con sé, senza neanche lasciarmi il tempo di salutare i compagni con cui stavo parlando. Abbiamo la stessa età e siamo nella stessa classe. E insomma, con lei va così, tutti i giorni. Ormai la scena di Chiara che mi tira per le strade è diventata una specie di rito quotidiano.

«Dio, quanto scocci. Non c'è fretta!» le rispondo sbuffando, mentre lei si ostina a trascinarmi lungo il viale. Sul marciapiede si affollano i tavolini dei bar dove stanno mangiando gli impiegati in pausa pranzo, come in ogni altra via nel centro di Milano. I loro piatti succulenti mi ricordano che ho già molta fame, e che la strada per arrivare a casa è ancora lunga.

«Sì che c'è fretta, invece» risponde Chiara. «Non voglio pranzare alle tre come l'altra volta perché, per colpa tua, abbiamo perso la prima metro. Quindi, o ti muovi, o ti prendo a pugni» conclude velocizzando il passo.

Scendiamo le scale del sottopassaggio e correndo a perdifiato facciamo giusto in tempo a infilarci nel vagone: un attimo dopo le porte si richiudono alle nostre spalle. Bingo! E poi…

Ecco una cosa che odio. La metropolitana dopo la scuola. È praticamente un inferno. Ogni giorno, all'una e mezza, si riempie di ragazzi che tornano a casa. È terribile ritrovarsi lì, schiacciata tra zaini stracolmi di libri e corpi sudati, e poi la puzza è insopportabile.

Dopo quaranta minuti di questa tortura, finalmente sono a casa. Io e la mia famiglia abitiamo in una strada tranquilla, con le case a due piani e gli alberi altissimi lungo il viale. Certe volte qui non sembra nemmeno di trovarsi in città.

Entro e butto lo zaino a terra mentre mi richiudo la porta alle spalle. C'è un profumino di sugo e di qualcosa di più gustoso, che non riesco a identificare.

«Mamma, papà, sono tornata!» urlo, prima di salire velocemente le scale fino al piano di sopra, per correre in bagno a lavarmi le mani.

Poco dopo scendo giù, entro in cucina e mi siedo al solito posto.

«Ciao, tesoro. Com'è andata a scuola?» dice mia madre, mentre porta i piatti in tavola. Poi si mette a gridare al resto della famiglia di darsi una mossa, altrimenti la pasta si raffredda e diventa immangiabile.

«Nulla di che» rispondo con noncuranza, scrollando leggermente le spalle mentre mi verso un bicchiere d'acqua.

Mia madre, abituata a quelle parole, ridacchia e scuote la testa. Devo forse raccontarle del quattro in chimica? No di certo!

Sto ancora cercando di fingere che stamattina non sia successo proprio niente di importante, quando in cucina entrano anche mio padre – che oggi si è preso un giorno di ferie – e il mio fratellino Lorenzo, che ha tre anni.

«Piccolo!» dico, prendendolo in braccio. Lui ride e mi abbraccia forte, riempiendomi la faccia di baci.

Ho anche un altro fratello, Giovanni, di vent'anni, ma lui è in Molise dalla sua ragazza. Hanno una relazione a distanza, e davvero non so come facciano. Voglio dire, che cosa c'è di peggio di non poter vedere tutti i giorni la persona che ami? È una cosa che io non potrei mai sopportare.

Dopo pranzo, decido di iniziare subito a fare i compiti. Ho appena aperto il libro di inglese, quando il mio smartphone vibra sulla scrivania.

Allungo il braccio, lo sblocco e vedo, ancora una volta, una notifica di Twitter. Nell'istante in cui ne leggo il contenuto il mio cuore sembra smettere di battere.

@Albericoyes: Che ne dite di un bel follow spree? Dai!

Per un momento rimango come paralizzata a fissare lo

schermo del telefono, fino a quando capisco che, se voglio che Alberico si accorga di me, devo darmi una svegliata. Presa dal panico inizio a scrivere una serie lunghissima di tweet, tutti in grassetto, praticamente supplicandolo di seguirmi.

Ma nulla, sempre la stessa storia: più scrivo, più le mie speranze diminuiscono.

Smetto di insistere, tanto è del tutto inutile, e passo in rassegna la lista Following nel suo profilo.

Ma quante persone ha iniziato a seguire? Noto che tutte le ragazze seguite hanno nick come ***@grazie alberico***, ***@oh mio dio Albe!***, ***@GRAZIE ALBE ILY***. Che fortunate.

Piccole lacrime di frustrazione mi rigano le guance. Sembra quasi che lui lo faccia apposta. Possibile che abbia iniziato a seguire tutte tranne me?

Decido di non prendermela né di intristirmi. Riapro i libri di inglese, anche se ho ancora gli occhi umidi, e finisco di fare questi maledetti esercizi.

**

Sono sdraiata sul mio letto, e ormai sono le dieci di sera. Evito di aprire Twitter. Sarebbe davvero troppo straziante vedere tutte quelle ragazze felici per aver ottenuto quello che desideravano… e che desidero anche io.

Metto lo smartphone in ricarica e lo poso sul comodino accanto al letto; poi mi infilo sotto le coperte. Chiudo gli occhi e respiro a fondo.

Devo assolutamente dimenticare questa giornata di merda, penso.

Ma i miei pensieri vengono interrotti dalla vibrazione del telefono.

Allungo svogliatamente il braccio e lo prendo, sbloccando lo schermo e notando l'icona di una nuova notifica.

Una notifica di Twitter.

@Albericoyes HA INIZIATO A SEGUIRTI

capitolo 2

@Albericoyes HA INIZIATO A SEGUIRTI

Sgrano gli occhi, portando d'istinto una mano davanti alla bocca per evitare di urlare.

Clicco sulla notifica che aprendosi mi porta direttamente sul profilo di Alberico.

Ho gli occhi fissi su quel TI SEGUE accanto al suo nome, quando a un tratto la vista inizia ad appannarsi.

Tutto questo non è possibile! Insomma, è solo uno stupido sogno, vero? Le lacrime mi scivolano giù lungo le guance, quasi contro la mia volontà. Comunque, per una volta sono fiera di poter dire che sono lacrime di felicità. Lacrime liberatorie, come se avessi trattenuto il respiro per mesi fino a questo momento, o come se fino a oggi fossi stata sott'acqua, con gli occhi fissi a guardare Alberico, in apnea.

Mi ha notata, finalmente.

Immediatamente apro i messaggi personali: ho bisogno di scrivergli qualcosa. Aspetto questo momento da troppo tempo.

@httpalberico: Dio, grazie mille Albe. Grazie, grazie, grazie. Sembra un sogno

@httpalberico: È incredibile, oddio

@httpalberico: Sembra impossibile che finalmente, dopo quasi due anni, possa inviarti dei DM

@httpalberico: Grazie, avevo perso le speranze. Non smetterò mai di ringraziarti

Blocco lo schermo del telefono, lo rimetto al suo posto a caricare, e mi addormento felice. Mi addormento pensando ad Albe. E forse lui appare anche nei miei sogni…

**

ALBERICO'S POV

@Albericoyes: Che ne dite di un bel follow spree? Dai!

Giusto il tempo di premere il tasto INVIO e vengo inondato da notifiche e messaggi. Scorro il dito sullo schermo, lanciando una veloce occhiata a ciò che mi scrivono. Sono quasi tutte dichiarazioni d'amore, lunghi messaggi pieni di affetto con cui le ragazze cercano di farsi notare. E io mi sento felice. Ogni tanto amo dedicare un po' di tempo alle mie fan, a renderle felici. Sono fantastiche, fanno tanto per me e io vorrei fare di più per loro. Mi piacerebbe incontrarle tutte, se solo potessi.

È incredibile come, leggendo le loro parole, mi rendo sempre più conto di una cosa: dietro questo schermo, dietro i milioni di visualizzazioni, dietro i like sui social ci sono persone vere. Persone che mi apprezzano per quello che sono davvero, persone che apprezzano il vero Alberico e non solo l'Albericoyes dei video su YouTube. Dietro tutto ciò, c'è qualcosa di concreto. Persone vere, persone in carne e ossa. Persone che farebbero di tutto pur di abbracciarmi, persone che sorridono grazie a me. Una cosa del genere è meravigliosa anche solo a immaginarla. Viverla, però... non ci sono parole per descriverla.

Continuo a scorrere i messaggi sullo schermo, e apro alcuni dei profili cliccando, senza pensarci due volte, il tasto SEGUI accanto al nome. Vado avanti così per un tempo che sembra un'infinità. Leggo un messaggio e seguo una fan, leggo un messaggio e seguo una fan. Impossibile sentirsi soli quando si è circondati da tanto affetto. Impossibile, lo so, eppure... eppure anche a me certe volte può mancare qualcosa. E non c'è bisogno di farsi troppe domande per capire che cos'è. Lo so, alle persone come me sembra non manchi mai nulla ma... ma effettivamente non è così. Magari lo fosse.

Ci sono giorni in cui mi sento terribilmente solo, anche quando sono in mezzo a un mare di gente. Come se mancasse qualcosa, o meglio qualcuno, nella mia vita. Per mesi mi sono fatto milioni di domande, cercando di capire da dove provenisse questo vuoto. Poi però ho capito. Nella mia vita manca una persona. Ma non una qualsiasi. *Quella* persona. Non faccio altro che cercarla. Cercarla tra lo sguardo di ragazze sconosciute, ragazze che incrocio per strada, a scuola, ai miei eventi. Ma per il momento non l'ho ancora incontrata. E questo mi uccide. Anche io merito una persona al mio fianco, una persona speciale, capace di amarmi davvero, di tenermi testa e di non farmi sentire mai più solo. Ma non mi arrendo. Scommetto qualsiasi cosa che, sì, riuscirò a trovarla. E sono sicuro che, quando la incontrerò, capirò che è la *mia* persona, diversa da tutte le altre, e non avrò alcun dubbio.

Mi auguro che sia così, che capiti in un attimo, quasi senza rendermene conto. Quasi come un click.

**

BEATRICE'S POV

«Diamine, Bea, alzati! Sono già le sette e ventisei!» urla mia madre dal pianterreno.

Stamattina la mia voglia di andare a scuola è davvero sotto zero, ma mio malgrado mi alzo e faccio quello che mi ha detto. Mi sciacquo con l'acqua ghiacciata per cercare di avere una faccia decente.

Scendo al piano di sotto e intorno al tavolo ritrovo tutta la mia famiglia. Loro sono già qui da un pezzo a fare colazione. Mancavo solo io.

Mi siedo accanto al mio amato fratellino e inizio a bere il caffè.

Quando sollevo gli occhi dalla tazza noto che mio padre mi sta fissando con un sopracciglio alzato. Appoggio la tazza e lo imito, e lui scoppia a ridere per la mia ottima interpretazione.

«Bea, sei troppo felice per i miei gusti» commenta poi, addentando una brioche.

«Mmh, davvero?» gli dico prima di mandare giù un sorso di caffè.

«Già. Come si chiama?» mi chiede.

«Come si chiama cosa?»

«Il tuo nuovo ragazzo. Come si chiama?»

Sorrido a questa domanda insolita. Ormai è un anno

che non ho una storia seria. Mio padre sa benissimo quanto sono stata male dopo che io e Francesco ci siamo lasciati, e sa anche che per il momento non voglio sentir parlare di ragazzi. Be', amo Alberico. Ma con lui è diverso. Lui è il *mio* Alberico. Quello che provo per lui è un tipo di amore che si prova per una persona che ammiri tanto. Un amore platonico. L'ho provato fin dalla prima volta in cui ho guardato uno dei suoi video su YouTube. Sentendolo parlare ho avuto la sensazione, al tempo stesso, che avrei voluto essere come lui e che soltanto lui mi potesse capire. Tutto qui, questo è ciò che provo, nulla di più.

«Alberico!» dico sorridendo.

Mio padre si fa una risata. «Sì, certo.»

«Guarda che non sto scherzando» rispondo, con il tono più serio possibile. «Cioè, non sul fatto che siamo fidanzati, sarebbe impossibile. Ma... sono felice per qualcosa... che riguarda Alberico.»

«Sei troppo fissata con quel ragazzo, davvero. E sentiamo, quale sarebbe il motivo?»

«Mi ha notata su Twitter! Ha iniziato a seguirmi, capisci? Capisci?!» concludo sbattendo leggermente le mani sul tavolo per l'emozione.

Il mio fratellino spalanca gli occhi, probabilmente a causa della mia reazione esagerata. Mia madre si porta una mano alla bocca, e mi sorride felice. In famiglia tutti conoscono la mia passione per Alberico. Ne ho parlato molte volte. Insomma, il mio amore platonico è troppo forte per passare inosservato.

«Oddio, finalmente!» dice mia madre esultando. Annuisco sentendo le sue parole e il mio volto si apre in un sorriso. Per fortuna, almeno lei mi capisce. Bevo l'ultimo sorso di caffè, mastico in fretta e furia tre biscotti e poi corro a lavarmi e a vestirmi per andare a scuola.

**

La campanella della terza ora è suonata, e da un momento all'altro la professoressa di latino entrerà in classe urlando, come sua abitudine. Non è questione di chiedersi *se* urlerà, ma *quanto* urlerà: è sempre la stessa storia.

Sbuffo mentre mi lascio cadere a peso morto sulla sedia. Chiara, che non è solo la mia migliore amica ma è anche la mia compagna di banco, si gira verso di me e sorride.

«È successo qualcosa?»

«E me lo chiedi?» le rispondo. «Abbiamo quella pazza della Fagliano! Io non ce la faccio, giuro che non ce la faccio!» concludo, passandomi una mano tra i capelli.

Lei scoppia a ridere. «Non preoccuparti, tanto oggi interroga me» sbuffa.

«Come fai a esserne così sicura?»

«Perché la volta scorsa ero assente, ricordi?»

«No, Chiars, no» dico.

Sbuffa ancora di più e si mette seduta composta.

Tento di controllare per l'ultima volta lo smartphone, ma scopro che il mio traffico dati settimanale è già finito. All'improvviso sentiamo un urlo dal corridoio: è il segno che la professoressa si sta avvicinando. Bene, che l'inferno abbia inizio.

**

Mi è andata bene, almeno per oggi la Fagliano ha deciso di non torturare nessuno seduto in questa parte dell'aula. Si è concentrata su quelli in ultima fila, e li interroga costringendoli a fare una traduzione a prima vista.

«Ma come è possibile non sapere il significato di questo verbo? Come?!» la sento urlare contro il malcapitato di turno. L'avevo detto che avrebbe avuto inizio l'inferno...

Tra le varie ragioni per cui proprio non sopporto queste lezioni, però, ce n'è una di cui non ho mai parlato a nessuno, neppure a Chiara. Il fatto è che molti mesi fa, il giorno dopo aver scoperto Francesco con un'altra, c'era una verifica di latino. Una versione. E io, che in quel momento avrei voluto scomparire dalla faccia della Terra, sono venuta a scuola ugualmente e ho consegnato il compito quasi in bianco. Inutile dire che ho preso un bel due. Anzi, due meno meno, per la precisione. Avrei tanto voluto rimanere a casa quel giorno, ma non ce l'ho fatta. Si trattava dell'ultimo compito in classe dell'anno e così, grazie alla Fagliano – o forse dovrei dire: grazie a Francesco –, mi trascino questi voti pessimi in latino, che a poco a poco sono diventati voti pessimi in molte altre materie.

Non è colpa mia, giuro che ce l'ho messa tutta, ma dopo aver perso Francesco per molti mesi niente e nessuno è riuscito a consolarmi, tranne forse il mio amore per Alberico.

Francesco è stato il mio primo bacio, e il mio primo ragazzo. Va bene, chiamiamolo con il suo nome vero: Francesco è stato il mio primo amore. Certo, con lui non sono mai andata fino in fondo. Non mi sentivo pronta e volevo che accadesse in un momento speciale, con il ragazzo di cui ero innamorata. Un ragazzo dolcissimo, la mia anima gemella... Il fatto che per lui non sia stato lo stesso, il fatto che abbia baciato un'altra come se niente fosse, e che magari se non fossi arrivata io a interromperli sarebbe andato fino in fondo con lei anziché con me, lì per lì mi ha lasciata senza forze, soprattutto senza forze per studiare, e soprattutto senza forze per studiare latino!

Poi, a poco a poco, è stato come uscire da un lungo

sonno. Ho accettato la realtà, e ho capito che avevo fatto bene ad aspettare, e che chi come Francesco mi riempiva di mille parole dicendo di amarmi come nient'altro al mondo, ma poi nei fatti si comportava in modo ben diverso, non meritava il mio tempo. E non lo merita ancora adesso, non lo merita più. Sento una voce dentro di me che continua a ripetermi queste parole. Eppure in questo momento, mentre sono qui seduta ad ascoltare l'interrogazione, non posso fare a meno di domandarmi come stia Francesco, se mi abbia mai più pensato, se da quando ho smesso di rispondere ai messaggi in cui mi implorava di perdonarlo per caso ha conosciuto un'altra ragazza, oppure se si è fidanzato di nuovo, magari proprio con quella ragazza con cui...

No, non voglio pensarci, mi fa ancora male.

Se non ci fosse stato Alberico, forse sarei ancora triste e affranta. Invece, un giorno dopo l'altro, grazie a lui ho capito che c'è ancora molto nella vita da scoprire e di cui essere felici... Per esempio, il fatto che lui mi abbia iniziato a seguire su Twitter è stato una vera e propria sorpresa. Da batticuore. Credevo che fosse impossibile, invece è accaduto.

Ecco, vorrei tanto poter sbirciare di nascosto Twitter, ma è tutto inutile, la connessione dati non funziona, non c'è nessun Wi-Fi a cui agganciarsi e in più questa lezione sembra non finire mai. All'improvviso mi sento scollegata dal mondo, isolata e sola. Provo una fitta di nostalgia, ma una nostalgia particolare: di qualcuno che non ho ancora incontrato. Quanto vorrei sentirmi come mio fratello Giovanni, felice e innamorata. L'amore vero ti rende la miglior versione di te stessa, la persona che vorresti essere al cento per cento, ma purtroppo alle volte temo che l'anima gemella sia soltanto una bellissima invenzione da mettere nei film e nei romanzi...

Finalmente suona la campanella e anche questa terribile tortura si conclude! Mi alzo di scatto dal banco e Chiara mi imita.

«Chiara...» le dico.

«Che c'è, vuoi andare al bar?»

«No, ecco... mi faresti usare un attimo Twitter?»

«Hai finito i dati?»

Le rispondo con un cenno del capo, sventolandole davanti agli occhi la schermata di errore del mio smartphone.

«Metti che mi ha scritto Alberico...»

«Mi dispiace, ma dovrai tenerti la crisi d'astinenza, ho finito i dati anch'io.»

**

Una volta tornata a casa, posso utilizzare Internet. Evviva!

Caspita che fatica. La connessione dati non funzionerà fino a domani. E domani è lontanissimo!

Appena entrata in camera mi lancio sul letto. Aveva ragione Chiara, mi comporto come se fossi... anzi, *sono* letteralmente in crisi d'astinenza! Ma non da Twitter, da Alberico!

Mi connetto al Wi-Fi ed entro su Twitter. I miei follower sono aumentati, e nelle notifiche vedo molte ragazze che si congratulano con me. Forse è meglio che la connessione abbia smesso di funzionare, altrimenti avrei passato la lezione di latino a rispondere ai messaggi e con la mia fortuna la Fagliano mi avrebbe scoperta, interrogata e umiliata con un'altra insufficienza. Comunque, la sorpresa più grande è che ho anche una sfilza di messaggi diretti. Li scorro col dito, ignorando le ragazze che mi fanno i complimenti per il Follow di Alberico e mi chiedono come abbia fatto a ottenerlo.

Tra tutti i messaggi, però, uno in particolare attira la mia attenzione.

Lo apro e...

@Albericoyes: Ma di nulla, è stato un piacere. Sei proprio adorabile ☺

Spalanco gli occhi. Incredibile! Okay, il trucco è mantenere la calma. Altro che Francesco, altro che nostalgia, altro che Alberico ha iniziato a seguirti. Un. Vero. Messaggio. Diretto. Respiro a fondo e inizio a scrivere con mani tremanti.

@httpalberico: Tutto questo non può essere reale...

Dio santo, Alberico De Giglio, sì, proprio lui, ha notato i miei messaggi e mi ha risposto. Ha detto che sono adorabile!

@Albericoyes TI HA INVIATO UN MESSAGGIO

@Albericoyes: Lo è, invece. Mi dispiace averti fatto aspettare per due anni. Se l'avessi saputo, ti avrei notata prima tesoro xx

@httpalberico: Ne è valsa la pena, assolutamente

@Albericoyes: Assolutamente sì, lo stesso vale per me Come ti chiami?

@httpalberico: Beatrice, ma puoi chiamarmi Bea o Babs

@Albericoyes: Babs mi piace! Ti chiamerò così, va bene?

@httpalberico: Va benissimo!

@Albericoyes: Allora va bene, Babs

Mi ha risposto ancora. Mi tremano le mani e non riesco a capacitarmi di tutto questo. Decido che adesso la cosa migliore è farsi una doccia gelata, giusto per rendersi conto che non è soltanto un sogno. Sta accadendo davvero.

Quando torno in camera, per prima cosa prendo lo smartphone. Sorrido quando noto che ho un altro messaggio da parte sua.

@Albericoyes: Ho visto i tuoi ultimi tweet e sono morto dal ridere ☺☺, sembri un sacco simpatica. Sei di Milano, vero?
@Albericoyes: Mi hai già dimenticato? ☹
@Albericoyes: Beaa
@Albericoyes: Babsssss

Sorrido di nuovo, pensando al fatto che mi ha cercata e mi ha inviato molti messaggi, non vedendo una risposta da parte mia.

@httpalberico: Non potrei mai dimenticarti, ero solo andata a fare una doccia! Comunque sì, sono di Milano. Ehi, come fai a saperlo?
@Albericoyes: Beata te! Forse dovresti togliere la posizione dai tweet ☺
@httpalberico: Oops, ehm, forse hai ragione. E comunque, beata me niente. Cioè, venderei l'anima al diavolo pur di vivere a Bari!
@Albericoyes: Non puoi dire queste cose, oddio.........

@httpalberico: E invece sì, ahah, Milano è troppo caotica. Io odio il caos

@Albericoyes: Bari non è da meno. Non avrei mai pensato di parlare con una persona a cui non piace Milano ☺

@httpalberico: C'è sempre una prima volta, no?

@Albericoyes: Sai, è strano...

@httpalberico: Cosa?

@Albericoyes: Il fatto di parlare così tranquillamente, con una delle ragazze che mi seguono... non mi era mai successo! Le altre di solito diventano isteriche e si mettono a scrivere cose senza senso ☺☺. Parlare con te sembra naturale. Sembra che siamo amici da una vita!

@httpalberico: E chi ti dice che io non stia saltando e urlando per casa?

@Albericoyes: C'è sempre questa possibilità ☺. Lo stai facendo per davvero?

@httpalberico: Non più, ma non nego che quando hai iniziato a seguirmi il mio cuore ha smesso di battere per qualche secondo ☺

@Albericoyes: Che dolce che sei

@httpalberico: Ohw, Albe

@Albericoyes: Ora devo andare Bea, ho un video da registrare. Ci sentiamo dopo o domani, okay?

@httpalberico: Buona fortuna allora! A dopo xx

capitolo 3

Sono ormai le 00:06, e non ho ricevuto neanche un messaggio da parte di Alberico. Forse è stanco. O forse non ha voglia di stare su Twitter. O forse non vuole scrivermi e basta. Spero sia la prima opzione. E ignoro a ogni costo la sensazione sgradevole che mi abbia già dimenticata.

Come se poi… insomma, mi ha scritto quei messaggi soltanto per educazione, è ovvio. Cosa credevo, alle favole?

Decido di smettere di attendere un messaggio che magari non arriverà mai.

Seriamente, cosa mi aspettavo? Che saremmo diventati migliori amici o addirittura che ci saremmo fidanzati? Dio, che stupida.

E comunque, non gli manderò nessun altro messaggio. Non vorrei sembrare fastidiosa o invadente. Appoggio il telefono sul comodino e mi metto a letto.

In un certo senso sapevo che non poteva durare. Insomma, io sono soltanto una fan. Faccio parte del pubblico. Sono soltanto un numero.

Eppure mi sento felice. Sono sicura che Alberico non scrive gli stessi messaggi a tutte. Se mi ha scritto, un motivo ci sarà. Va bene così, è bellissimo che sia accaduto. Va bene così.

Mi copro con il piumone fin sopra la testa e chiudo gli occhi sospirando. *Va bene così?*

Rimango in quella posizione, praticamente immobile, fino a quando il suono di una notifica Twitter mi fa spalancare gli occhi per la sorpresa. Sbuffo, pensando che sicuramente sarà un'altra delle tante ragazze che si congratulano con me e mi chiedono di creare chat o di inviare messaggi diretti con i loro nick. Decido di allungare il braccio verso il comodino, cercando a tentoni l'iPhone con la mano.

Quando lo trovo, lo trascino sotto le coperte e, sbloccandolo, controllo la barra delle notifiche.

@Albericoyes TI HA INVIATO UN MESSAGGIO

Sbatto un paio di volte le palpebre, e per l'emozione sento che mi tremano perfino le ciglia. Mi ha cercata. Mi ha cercata per davvero!

@Albericoyes: Bea! Il nuovo video che ho girato mi piace tantissimo, scommetto che piacerà anche a te!

Sorrido per la sua dolcezza. Sembra un bambino felice. Il mio cuore potrebbe scoppiare di gioia da un momento all'altro. Gli rispondo subito.

@httpalberico: Ah sì? Sono felice, tutti i tuoi video sono fantastici. Mi piacerà di sicuro!

@Albericoyes: Quanto mi rendete felice quando mi dite queste cose, oddio

@httpalberico: Ho bisogno di vederti

@Albericoyes: Mi vedrai, ne sono certo. Anche io ho voglia di vederti

Se continua così mi farà venire un infarto.

Ed eccola, la familiare, strana sensazione nello stomaco. Un bellissimo formicolio.

Vuole vedermi. Dio, vuole vedermi!

@httpalberico: Sai, una volta ti ho visto, qui a Milano. Ma voglio vederti di nuovo

@Albericoyes: Mi vedrai di nuovo. E se non potrai venire tu da me, verrò io da te

@httpalberico: Grazie Albe
@Albericoyes: Grazie per cosa?
@httpalberico: Per tutto. Grazie per tutto. Mi rassicuri, sempre. Anche quando non ci conoscevamo, intendo. Grazie
@Albericoyes: Quanto sei dolce. Verrei da te anche adesso per abbracciarti
@httpalberico: Allora fallo, ti prego
@Albericoyes: Se potessi lo farei, lo sai questo, vero?
@httpalberico: Lo so, lo so
@Albericoyes: Oddio non riesco a dormire. C'è qui quel cretino del mio amico Michele che continua a cantare cose senza senso, fallo smettere tu, ti prego. Lo prendo a bastonate, okay?
@httpalberico: Ahah, perché non canti con lui?
@Albericoyes: Ma anche no! E poi, parlare con te è più divertente ☺ ***1:02 AM***
@Albericoyes: Fallo smettere ti prego! ***1:09 AM***
@Albericoyes: Bea? ***1:16 AM***
@Albericoyes: Presumo che ti sia addormentata ***1:21 AM***
@Albericoyes: Presumo bene. Buonanotte Babs, a domani. Ti voglio bene xx ***1:29 AM***

**

«Davvero eri così tranquilla?» mi chiede Chiara sorridendo. Siamo davanti al cancello della scuola e le ho appena raccontato tutto. Non ho potuto trattenermi. Insomma, questa è una novità davvero incredibile, e poi la mia migliore amica mi conosce bene. Mi ha letto in faccia la felicità.

«Cosa avrei dovuto fare? O meglio, cosa avrei dovuto scrivere? Mi avrebbe preso per pazza, lo sai» le rispondo, con un'alzata di spalle.

«Ma non hai avuto nessuna reazione strana? Cioè, sono due anni che aspetti questo momento!»

Sorrido all'affermazione di Chiara.

È la verità. L'ho atteso per ben due anni, e mi va bene così. Sono felice. Felice perché ho lui, in un certo senso, e il resto non mi importa. La nostalgia è svanita in un istante e Francesco è un ricordo lontanissimo, fa parte del mio passato, di una vita di molti mesi fa, che ormai non è più la mia.

«Stavo per piangere, Chiar, ma mi sono trattenuta» sospiro. «Non volevo rovinarmi il momento!»

«È proprio importante per te Alberico, eh?» I suoi occhi si addolciscono pronunciando questa frase.

«Dio, se lo è. Quasi nessuno può capire quanto significhi quel ragazzo per me» concludo, e poi accenno un sorriso. A differenza di me, a Chiara non è mai interessato molto Alberico, ma so che è la mia migliore amica e che capisce perfettamente come mi sento in questo momento.

All'improvviso due mani si posano sui miei occhi, facendomi sobbalzare. A tentoni, cerco di scoprire a chi appartengano le dita appoggiate al mio viso e rido leggermente. Non è poi così difficile capire che si tratta di...

«Alex!» dico spostando via le sue mani, per poi girarmi e abbracciarlo forte.

«Piccola!» risponde lui stringendomi forte a sua volta.

Alex, o meglio Alessio, è il più caro amico mio e di Chiara.

Abbiamo un rapporto speciale, tutti e tre. Ci conosciamo fin dai tempi dell'asilo; Alex era al terzo anno e noi al primo, e ora frequentiamo il liceo e siamo ancora insieme, nello stesso istituto, e soprattutto siamo ancora amici. Alcune persone ci invidiano per questo legame così forte.

Alessio è alto poco più di me, ha i capelli neri, sempre in ordine, e gli occhi verdi. È diventato proprio un bel ragazzo, non posso non ammetterlo.

Invece Chiara e io siamo l'una completamente l'opposto dell'altra. L'altezza è l'unica cosa che ci accomuna. Lei è mora, io bionda. Lei ha gli occhi marroni, io azzurri. Lei ha una carnagione olivastra, io pallida. A lei non interessa Alberico, a me interessa. Siamo diverse, eppure tanto simili.

Mentre Chiars e Alex si salutano e si abbracciano, accendo la connessione dati e controllo se ho qualche messaggio.

@Albericoyes TI HA INVIATO UN MESSAGGIO

Sei messaggi da parte sua! Sorrido e mi affretto ad aprire i messaggi diretti.

Noto quelli della notte scorsa a cui non ho risposto per colpa del sonno, e in più ce n'è un altro inviato da poco.

@Albericoyes: Buongiorno, Bea! Spero che tu abbia una buona giornata xx ***8:07 AM***

Ho l'impressione che il mio cuore sia sul punto di esplodere per la felicità.

@httpalberico: Buongiorno anche a te, ciuffo! ***8:09 AM***

Ho avuto davvero il coraggio di chiamarlo "ciuffo". Non ci credo. "Ciuffo" è il soprannome che gli abbiamo dato io e Chiara, in onore del suo ciuffo che tanto mi fa impazzire.

La campanella suona, segno che le lezioni cominceranno a momenti. Prendo Alex e Chiar e, tenendoci sotto braccio, entriamo in quell'odioso edificio.

Sorrido e ancora una volta penso: *Va bene così.*

capitolo 4

Nell'aria c'è il profumo romantico della primavera che si sta avvicinando e le vacanze di Carnevale mi hanno concesso una pausa dalla scuola (anche se purtroppo non dallo studio!). È da circa un mese che io e Alberico abbiamo iniziato a scriverci, e ormai non passa giorno senza un messaggio o una telefonata. Sì, parliamo molto spesso e non c'è niente di più bello che sentire la sua voce! Alle volte non riesco neppure a ricordare come fosse la mia vita prima, senza di lui, i suoi messaggi e le nostre chiacchierate. Certo, attraverso un telefono non è come parlarsi di persona, è vero, ma si tratta comunque di una cosa bellissima.

Non ci scriviamo più su Twitter, ora siamo passati a WhatsApp.

Lo smartphone vibra. Sono sicura che sia lui. Infatti è così.

Albe: Babssss non puoi capire

Sgrano gli occhi.

Me: Cosa?

Albe: È bellissimo essere in vacanzahhhh

Me: Ah, pensavo fosse successo qualcosa

Albe: No no! Sto registrando un sacco di cose
e non vedo l'ora di fartele vedere tutte

Me: Oh, neanche io vedo l'ora ☺

Albe: Mi dispiace Bea...

Me: Ti dispiace? Per cosa?

Albe: Di non essere lì da te.
Ora che ho questa pausa dagli eventi, incontri
e cose del genere, avrei voluto venire da te.
Ma non posso muovermi da Bari. Insomma lo sai
come sono i genitori, dicono che devo concentrarmi
sulla scuola e cose così. Vorrei venire da te
ma allo stesso tempo non voglio deluderli.
Insomma, vorrei spaccare tutto, fanculo

Quanto può essere dolce questo ragazzo?

Me: Non preoccuparti, Albs. Ti capisco, anche io
sono un po' nei guai con la scuola.

Ma avremo altre occasioni per vederci, non credi?

Sta' tranquillo, io sto bene. Va tutto bene, dico davvero

Questo è ciò che gli scrivo. Ma è una bugia.

Non va tutto bene. Ho bisogno di lui. Ho bisogno di abbracciarlo, di guardarlo negli occhi e di passare un po' di tempo insieme ad Alberico. Da soli. Solo io e lui. Nessun altro.

Albe: Certo che ci vedremo, piccola

Me: Cercherò di raggiungerti
al prossimo evento, ovunque sia!

Albe: Dici davvero, Bea?

Me: Certo! Non manca molto
al prossimo evento, vero? Vero? Veeero?

Albe: Un po' troppo in realtà. Ma prima o poi
ci vedremo, e questo mi va bene. Potrei aspettare
una vita pur di incontrarti, sai?

Me: La stessa cosa vale per me, Albs

Albe: Dio, sei troppo dolce quando mi chiami Albs

Me: Smettila!

Albe: Sei dolcissima

Me: Non dire cose che non pensi

Albe: Non lo farei mai.
Perché ti voglio bene, Babs

Albe: Anche io te ne voglio

Mi vuole bene. E io gli voglio bene? O provo qualcosa di più?

**

È ormai sera quando, verso le sette, ricevo un messaggio di Alex. Mi chiede se ho voglia di andare con lui e Chiara a casa di un amico, dall'altra parte della città.

Bfff boy: Bimba bella, verresti con me e Chiars a una festa questa sera? È in una villa fighissima, qui vicino a casa mia. Non accetto un no come risposta, sappilo

Me: Visto che non accetti un no, vengo. Passi tu?

Ne parlo con la mamma. All'inizio fa un po' di storie, perché domani c'è scuola, ma poi le dico che ci accompagna Alex – lei di Alex si fida, dato che come me lo conosce praticamente da sempre – e le prometto che non farò troppo tardi, così alla fine cede. Telefono ad Alex e ci mettiamo d'accordo sull'ora in cui lui e Chiara passeranno a prendermi. Non c'è molto tempo, quindi, dopo aver chiuso la chiamata, corro a lavarmi e poi… è il momento di vestirsi!

Apro l'armadio e passo in rassegna tutto il mio guardaroba... Meglio il vestito nero o quello blu con una sola manica? O forse meglio i pantaloncini e una camicia? Il vestito nero sta meglio se tengo i capelli legati, invece voglio lasciarli sciolti, così alla fine indosso un paio di shorts a vita alta neri e una camicia bianca. Uso il ferro per i boccoli, lasciando i capelli lisci sopra e arricciati sulle punte, e poi passo alla matita e al mascara.

Mi sto ancora truccando quando controllo l'ora: le 19:56. Cavoli! Sono in ritardo, devo ancora mettere le scarpe e tra poco Chiara e Alex saranno qui.

Proprio in quel momento mi squilla il telefono. Per la fretta sbatto contro la sedia, e quando prendo lo smartphone per controllare chi mi stia chiamando, il braccio mi fa ancora male.

Sullo schermo vedo il mio nome preferito. ***ALBE***.

Sorrido e mi calmo un po' leggendo quelle quattro lettere sul display. Non so se rispondergli oppure no. Sono già in ritardo, e va a finire che perderò un sacco di tempo...

Ma andiamo, chi voglio prendere in giro? Non potrei mai rifiutare una sua chiamata. Schiaccio l'icona verde e mi lascio sfuggire un dolcissimo: «Ciao».

«Piccola, cosa stai facendo?» dice lui appena rispondo. Ha già capito che c'è qualcosa che non va, gli è bastato sentire il modo in cui ho pronunciato quell'unico «Ciao».

«Devo uscire e sono in ritardo, ecco cosa! Tra poco passano a prendermi e io non sono ancora pronta!» esclamo in tono nervoso.

Attivo il vivavoce e appoggio il telefono sulla scrivania, almeno posso parlare con lui e finire di prepararmi allo stesso tempo.

«Dove vai di bello?» mi chiede.

«A una festa. O qualcosa del genere. Con i miei migliori amici» dico.

Corro verso l'armadio, lo apro e tiro fuori le scarpe nere con il tacco. Sbatto l'anta con forza e mi fiondo sul letto per infilarle. Nel frattempo all'altro capo del telefono sento Alberico che ride.

«Calmati, piccola, sembra che ci sia un terremoto» dice continuando a ridacchiare.

Rido anche io insieme a lui, mentre corro in bagno per spruzzarmi del profumo.

«E comunque stai attenta, non accettare alcolici da nessuno, anzi, se puoi evitali proprio. E non ballare con persone che non conosci, potrebbero allungare le mani» aggiunge, diventando serio all'improvviso.

Wow, che premuroso.

«Va bene, mamma» rispondo con un sorriso a fior di labbra. Lui ridacchia leggermente.

«Bea, dico davvero. Come sei vestita? Hai per caso qualcosa di troppo corto? Mi mandi una foto?»

«Ehi, ehi, calma, una domanda alla volta! Sono vestita normale. Sì, è abbastanza corto, ma almeno è un paio di pantaloncini, e sì, ti mando una foto quando chiudiamo» rispondo tutto d'un fiato.

Proprio in quel momento suonano alla porta. Dal piano di sotto mia madre mi urla di scendere perché sono arrivati Chiara e Alex.

«Devo andare, Albe, i miei amici sono qui» dico prendendo la borsa, che avevo appoggiato sul letto, e mettendoci dentro tutto il necessario.

«Va bene. Sta' attenta. Ricorda quello che ti ho detto. E ricordati anche di mandarmi la foto. A domani. Ti voglio bene.»

«Tranquillo. Ti voglio bene anche io, Albs, a domani» sorrido mentre chiudo la chiamata.

Possibile che io senta già la sua mancanza?

Mi piazzo davanti allo specchio con il cellulare tra le mani. Sorrido, piegando leggermente la testa di lato. Scatto la foto e gliela invio subito.

Scendo di corsa le scale, saluto mia madre e mio fratello, che finalmente è tornato dal Molise, ed esco di casa. La macchina di Alex mi aspetta proprio davanti al portone, e mi infilo nell'abitacolo.

«Ma come siamo belle!» esclama Alex sorridendo. Ricambio il sorriso, salutando sia lui sia Chiars con un bacio sulla guancia. Anche Chiara stasera è bellissima. Si è truccata con un ombretto verde brillante, che la fa sembrare una diva pronta a sfilare alla notte degli Oscar. La osservo per un momento e all'improvviso mi accorgo che come me anche Chiara è cambiata negli ultimi mesi. Non è più la bambina con cui mangiavo pane e nutella alle elementari, e poi mi domando... se quella luce che ha negli occhi non sia il segno di qualcosa di nuovo, qualcosa che deve ancora raccontarmi ma che le leggo in faccia, proprio come lei ha letto sul mio viso la felicità per il Follow di Alberico. Appena resteremo sole proverò a chiederglielo, ma intanto...

Il telefono vibra.

Albe: Dio, quanto sei bella

Me: Dio, quanto sei bugiardo

capitolo 5

Quando entriamo in quell'enorme abitazione resto senza fiato e come d'istinto mi stringo leggermente al braccio di Alex, mentre Chiara si stringe al mio. C'è un'incredibile puzza di alcolici e fumo. Un miscuglio disgustoso... Sono tutti in maniche corte, perché fa un caldo terribile. Sembra di trovarsi in piena estate, qui dentro. Ma quanta gente hanno invitato?!

Alex si apre uno spazio tra la folla praticamente a gomitate e noi lo seguiamo, di sicuro sta cercando gli altri suoi amici. In effetti è così. In lontananza un ragazzo biondo sventola la mano per farsi notare, mentre noi ci dirigiamo in quella direzione. Vediamo ovunque corpi sudati di ragazze e ragazzi che ballano e si agitano come se questa fosse l'ultima festa prima della fine del mondo. C'è troppa gente, però, per riuscire a ballare, e c'è anche troppo caldo, così gran parte delle persone a cui passo accanto mi sfiorano, lasciandomi addosso un po' del loro sudore. Che schifo.

Alex continua ad avanzare e cerca in ogni modo di raggiungere i suoi amici, che ci fanno cenni da un gruppo di divanetti simili a quelli di una discoteca, dove sono seduti a bere. Superiamo altri ragazzi, che quasi ballano l'uno sopra l'altro, e alcune coppie che si strusciano come se non avessero nessuno intorno... Ma dove siamo capitati?

Finalmente arriviamo ai divanetti e Alex ci presenta i suoi amici.

«Loro sono Andrea, Carlo e James» dice indicandoli uno per uno. «E loro invece sono Beatrice e Chiara» continua indicando noi. In risposta sorrido e alzo la mano in segno di saluto.

«Carino qui, eh?» ci domanda Carlo.

«Sì, come no» rispondo guardandomi intorno. Ho ancora il sudore di un paio di sconosciuti sul braccio e cerco di asciugarlo alla bell'e meglio contro il divanetto, ma è di pelle e non serve a molto.

Alex è intento a parlare con i suoi amici, così mi avvicino a Chiara e in un orecchio le bisbiglio: «Devi dirmi qualcosa?»

Lei mi guarda con aria interrogativa.

«Chi è che speri di incontrare?» insisto. «O ti sei messa così in tiro per Alex?» concludo ridacchiando.

«Ma no, figurati! Alex! Ma che dici, scema!» mi risponde dandomi un pugno per finta sulla spalla.

«Comunque stai bene truccata così, brava. E quando vorrai dirmi chi è il fortunato...»

Un bicchiere di gin tonic mi piomba in mano praticamente dal nulla e interrompe la nostra conversazione: è Alex, che ci sorride e ci offre un sorso prima di restituire il cocktail ai suoi amici.

Restiamo ancora un po' a chiacchierare con loro. Sono tutti molto simpatici, ma vorrei anche io qualcosa da bere. Mi giro verso Chiars: «Vieni con me a prendere da bere?» le domando. Scuote la testa, e con il braccio mi indica il resto della sala, sempre più piena di gente che si dimena e balla e si struscia come se fossimo nel buio di una discoteca.

«Non ho intenzione di allontanarmi da Alex» dice.

Scrollo le spalle e giro i tacchi. Non posso resistere qui dentro senza bere qualcosa.

Tirando qualche gomitata qua e là mi faccio largo tra la calca e finalmente arrivo in cucina, dove ci sono tantissimi bicchieri di drink già preparati, pronti per gli ospiti. Che accoglienza! Ne prendo uno a caso, e lo butto giù quasi in un unico, lungo sorso.

Il liquido freddo mi manda a fuoco la gola. Scommetto che è vodka alla pesca e redbull. Il sapore sembra proprio quello.

Ne prendo un altro, di colore blu. Uhm, angelo azzurro. Fin troppo forte.

Poi mi guardo intorno un attimo e mi accorgo di essere sola. Allora spalanco il freezer e ne estraggo una bottiglia di vodka liscia, piena e chiusa. La apro.

Bevo qualche sorso, mentre mi avvio verso la sala con la bottiglia nella mano destra.

Comincia già a girarmi la testa e mi sento più leggera. Mi sento bene. Inizio a ballare a ritmo di musica, agitando i capelli e continuando a bere dalla mia bottiglia. Ormai sono completamente andata! Che festa… forse prima ho esagerato: non è poi così male.

Due mani si appoggiano ai miei fianchi, e mi giro per vedere di chi si tratta. Sorrido quando mi ritrovo davanti un bel ragazzo. Alto, con due occhioni verdi e i capelli biondi ricci. Ricci alla Harry Styles. Il mio tipo, insomma. E all'improvviso mi rendo conto di una cosa: certo che è il mio tipo. Il ragazzo di fronte a me è Francesco.

Forse, se non avessi bevuto così tanto, in questo momento non farei altro che voltarmi e andarmene, visto che ormai nella mia mente e nel mio cuore c'è soltanto Alberico. Una sensazione strana però mi impedisce di allontanarmi, come se fossi tornata indietro nel tempo e volessi rivivere un momento felice e lontano, e allora sorrido a Francesco e iniziamo a ballare insieme. Eccomi qui, finalmente mi sto divertendo. Non penso a nulla. No, non è vero. Non penso a nulla tranne che a lui, ad Alberico. Neanche l'alcol riesce a farmi dimenticare il mio nuovo, specialissimo amico a distanza, e mi schiaffeggio mentalmente. Se solo lo potessi incontrare, se soltanto in questo preciso istante ci fosse Alberico a ballare qui con me, al posto di Francesco… allora mi sentirei davvero al settimo cielo.

Sorrido di nuovo a Francesco, che nel frattempo si fa sempre più vicino. Con una mano prova a sottrarmi la bottiglia di vodka, ma io faccio un passo indietro, scoppio a ridere e nascondendo la bottiglia dietro la schiena mi avvicino di nuovo.

Mi piego verso di lui, stampandogli un bacio sull'angolo della bocca, per poi girarmi e andare via. Certo, Francesco è stato il mio primo amore, ma nessuno è – nessuno sarà mai – come Alberico.

Spintonando per farmi largo tra la gente che continua a ballare, raggiungo la porta-finestra, la apro ed esco dalla casa. Mi ritrovo nell'enorme giardino. C'è una fila di faretti che illuminano una stradina, una specie di sentiero lastricato di pietre grigie, che spiccano in mezzo al prato verde, tanto curato che per un attimo penso che sia finto e mi piego ad accarezzare i fili d'erba. Eh no, è vero.

Mi tiro di nuovo in piedi e riprendo a camminare barcollando, fino a che non mi apparto sotto un albero, dove la musica arriva più ovattata e c'è una specie di fusto di metallo con scritto sopra DISERBANTE. Sembra quasi uno sgabello, così mi siedo.

Prendo il telefono, apro la rubrica e clicco sul nome di Alberico. Proprio in quel momento sento un suono di passi alle mie spalle e quando alzo gli occhi dal display mi ritrovo davanti Francesco.

«Bea» mi dice, restando immobile di fronte a me. Da mesi non ci parliamo, non ho mai più risposto ai suoi messaggi, ho cancellato il suo numero e alla fine lui ha smesso di cercarmi. Ma non l'ho mai del tutto dimenticato. Non si può dimenticare una parte così fondamentale della propria vita.

Per un attimo, mi chiedo come mi sarei comportata io al posto di Francesco. Se fossi stata io a trovarmi divisa tra due ragazzi, magari tra Francesco e Alberico, che cosa avrei fatto? Avrei resistito alla tentazione di baciarli entrambi? Fino a questo momento non ci avevo mai pensato così chiaramente, forse perché non avevo mai desiderato nessun altro a parte Francesco.

«Alla fine non sei più andato a studiare a Londra.»

«No, purtroppo… mio padre ha perso il lavoro e l'anno di studio all'estero è diventato solo un sogno.»

«Ah, credevo che… che avessi semplicemente cambiato idea… mi dispiace, e tu come…»

«Tutto a posto, ha già trovato un altro lavoro, ma sai com'è, sono cose che capitano.»

Così dicendo si mette a sedere a gambe incrociate di fronte al bidone del diserbante.

«La tieni tutta per te?» dice indicando la mia bottiglia di vodka.

Gliela allungo, lui la prende e fa un sorso, poi un altro sorso più lungo, e me la ripassa.

«Avrei voluto tanto partire, sai. Andare lontano e dimenticarti. Ricominciare.»

«Non c'è bisogno di andare lontano per ricominciare.»

«Forse per te. Ma finché resto qui ogni strada di questa città mi ricorda che avevo tra le mani la storia d'amore perfetta e l'ho distrutta in un attimo. Se solo tu mi avessi perdonato…»

Bevo un lunghissimo sorso di vodka. Come sono finita qui a parlare con Francesco? E perché anziché provare ancora la solita, familiare rabbia, anziché avere voglia di prenderlo a pugni, sento il bisogno di abbracciarlo e di averlo di nuovo accanto a me come ai vecchi tempi? Forse la mia non è soltanto nostalgia di qualcuno che devo ancora incontrare. Forse in certi giorni vorrei semplicemente poter tornare indietro e cambiare la nostra storia, e avere di nuovo la mia vita di prima, il mio Francesco.

«Il fatto è che… quando qualcosa si rompe…» Non so nemmeno io quali parole usare, da dove cominciare a spiegargli ciò che sento, perché non è chiaro nemmeno a me. Fino a poco fa avrei giurato che non desideravo nessun altro, a parte Alberico. Eppure ritrovarmi qui con Francesco, nel mezzo di questo giardino, lontano dal caos della festa, mi fa sentire al sicuro. Mi sembra di essere tornata a casa. Sto ancora cercando di dirglielo, quando lui si alza in piedi.

«Non ti ho mai dimenticata, Bea, in tutti questi mesi. Mai. Quando ho visto che non rispondevi più ai miei messaggi, ho capito che… non volevo… insomma non volevo che tu mi prendessi per una specie di stalker. E poi ero sicuro che mi avessi già dimenticato e che l'unica cosa da fare era dimenticarti. Ma ogni volta che bacio un'altra ragazza, Bea, quando chiudo gli occhi è te che vedo.»

A queste parole sento un tuffo al cuore, e prima che io stessa me ne possa rendere conto gli dico: «Neanche io ti ho dimenticato».

Ma no, questa non sono io, è la vodka a parlare.

Dev'essere la vodka a parlare.

Francesco si avvicina, ma prima che possa succedere qualcosa – qualsiasi cosa – sentiamo una specie di risatina e due ragazzi sbucano fuori da dietro un albero. Sono Andrea e Luigi, due amici di Francesco. Non li ho mai sopportati.

«Dieci euro che Bea ci ricasca» dice uno all'altro dandogli di gomito.

«Piantatela subito!» interviene Francesco.

Ma è troppo tardi. La magia che per un attimo si era creata tra noi è spezzata.

Mi allontano a grandi passi e butto giù altri due lunghissimi sorsi di vodka. Ormai almeno metà della bottiglia è in circolo nel mio corpo.

Torno al mio smartphone. Stavo per chiamare Alberico e… non so perché lo faccio, in realtà. Sono quasi le tre di notte e lui sta sicuramente dormendo. Ma lo faccio senza pensarci. Le mie dita si muovono da sole, non riesco a controllarle. Premo il tasto di chiamata. Lui risponde al sesto squillo.

«Bea?» chiede, con voce roca. Stava dormendo.

«Amore mio!» esclamo ridendo.

«Bea… sei ubriaca?» dice in tono preoccupato.

Bevo altri due sorsi dalla bottiglia, e quando è finita la lascio cadere a terra: si infrange contro le pietre grigie del vialetto, rompendosi in mille pezzi. Il rumore dev'essersi sentito anche attraverso il telefono, perché Alberico sobbalza leggermente, mentre l'odore di vodka mi sale alle narici. Tutta insieme, e mescolata al profumo delle piante del giardino, inizia a nausearmi. Perché ho bevuto così in fretta tutta quella roba? Forse non è stata un'ottima idea.

«Ubriaca, sì... Può essere» dico, continuando a ridere.

«Devi tornare a casa, immediatamente! Cos'era quel rumore?» mi chiede poi, cercando di mantenere la calma.

«Era la mia bottiglia di vodka!»

Muovo qualche passo incerto per allontanarmi da quel disastro e con la mano faccio «ciao ciao» alla bottiglia. Forse per questo scoppio a ridere, o forse rido senza un preciso motivo.

«Passami il tuo amico, cazzo» sbotta Alberico.

«Non è qui, sono sola adesso» rispondo mentre rido ancora, leggermente.

«Sei sola? Sei sola! Ovvio! Perché quel cretino ti ha lasciata sola, eh?!» chiede, iniziando ad alterarsi.

«Dai, Albe, calmati. Parla con me» ribatto, seria questa volta. Non capisco nulla, tutto gira intorno a me e non so neanche più quello che dico. Mi siedo – o meglio, mi accascio – sull'erba fredda.

«*Stiamo* parlando. Ma, per favore, torna a casa in qualche modo.»

«Vorrei che tu fossi qui, Albs» dico, con voce abbastanza provocante. O almeno, questa è la mia intenzione.

«E io vorrei che tu fossi qui» risponde lui serio.

«Lo sai cosa farei, se fossi qui con me?» gli chiedo ridacchiando. Non sento nessuna risposta da parte sua, quindi continuo. «Voglio vederti, Alberico» rido debolmente. Ancora nessuna risposta. «E voglio baciarti. Ne ho bisogno.»

«Sei ubriaca, Bea, non sai quello che dici» mi risponde, con un leggero sospiro.

«Tu non vorresti baciarmi?»

«Bea...»

«Sai cosa faremo quando verrai qui?» dico, aspettando una risposta.

«Cosa faremo?» risponde, dopo un po' di silenzio.

«Ci baceremo!» esclamo scoppiando a ridere.

«Hai bevuto troppo...» dice sospirando ancora.

Non so perché, ma lo immagino mentre si passa una mano tra i capelli, disperato.

«Qual è il problema?»

«Questo. Bea, non sai quello che stai dicendo.»

Vedo Chiara e Alex uscire dalla casa e sospiro, alzandomi da terra e avviandomi verso di loro.

«Devo andare, Albs.» Sento un ultimo: «Aspetta!» prima di chiudere la chiamata.

Barcollo verso Chiara e Alex. Per un momento ho

avuto l'impressione che si stessero tenendo per mano, e che fossero sorpresi di trovarmi qui in giardino. Ma ho bevuto davvero troppo e sto iniziando ad avere le allucinazioni. Magari tra un po' mi sembrerà anche di vedere Alberico e mi metterò a baciarlo, per poi scoprire che è soltanto uno stupido albero.

«Uno stupido albero» dico ad alta voce ridacchiando tra me e me. Chiara e Alex mi prendono sottobraccio e mi accompagnano in macchina, facendomi sedere dietro, insieme a Chiara, che mi assiste praticamente come un'infermiera.

Intanto il mio telefono continua a vibrare, Alberico non smette di chiamarmi. Ma appena appoggio la testa sul sedile i miei occhi si chiudono e a poco a poco le voci di Alex e Chiara diventano sempre più distanti.

capitolo 6

Mi sveglio con un terribile mal di testa. E ora come faccio ad andare a scuola in queste condizioni? Mi passo una mano sulle tempie, sospirando. Cerco di ricordare qualcosa di ieri notte, ma nulla. Non ricordo assolutamente niente. Stavo ballando con un ragazzo e poi... c'è il vuoto.

Giro leggermente la testa, e vedo sul comodino una pillola e un bicchiere di succo di frutta. C'è un bigliettino. Lo prendo e lo apro.

Ehi, piccola, sicuramente ti sveglierai con un brutto mal di testa. Prendi questi, mi raccomando. A presto.
Alex

Oh no. È successo di nuovo. Non è la prima volta che mi ubriaco, e non è neanche la prima volta che Alex mi accompagna fino in camera mia, per il semplice motivo che non riuscivo nemmeno a reggermi in piedi.

L'ultima volta è stato pochi giorni dopo aver rotto con Francesco. A tutt'oggi continuo a non ricordare esattamente cosa sia successo quella sera. Eravamo andati in discoteca. Chiara mi ha detto che quando mi sono ubriacata ho finito per sedermi su un divanetto a piangere, mentre tutti continuavano a ballare, e che ho anche provato a chiamare Francesco, ma avevo già cancellato il suo numero dalla rubrica. L'ho implorata di ridarmelo e lei non ha voluto. Anche in questi momenti si vedono i veri amici. Al ritorno Alex mi ha riaccompagnata fino a qui, in camera, per evitare che entrando in casa facessi troppo rumore e andassi a sbattere contro qualche mobile, svegliando i miei genitori. Il giorno dopo ho fatto finta di avere un po' di influenza e me la sono cavata così. Niente domande. Niente punizioni.

Allungo il braccio destro verso il comodino, inghiottisco la pillola e subito dopo bevo un sorso dal bicchiere di succo. E poi mi metto a cercare con gli occhi lo smartphone: lo vedo buttato ai piedi del mio letto, accanto alla borsa. Non si accende, deve avere la batteria scarica. Con la testa che pulsa mi tiro in piedi e recupero il caricabatterie. Lo lascio in carica fino a quando non emette un suono e una vibrazione: allora lo riaccendo e mi ritrovo davanti una sfilza di chiamate e messaggi.

Albe: CHIAMATE (18) MESSAGGI (7)

Spalanco gli occhi. Per quale motivo Alberico mi ha cercata fino alle quattro e mezzo del mattino? Inizio a preoccuparmi.

Vado sul registro telefonico, e controllo una dopo l'altra tutte le sue chiamate. Poi ne noto una, da parte mia. Alle ore 2:57 del mattino.

Aspetta. Cosa? Perché ho chiamato Alberico? Dio, cos'è successo? Vedo la durata della telefonata. 12 minuti e 58 secondi. Merda.

Mi fiondo a leggere i suoi messaggi.

Albe: Rispondi!!!

Albe: Bea

Albe: Ti prego

Albe: Sono preoccupato

Albe: Stai bene? Perché hai chiuso improvvisamente?

Albe: Bea, per favore. Cosa cavolo è successo?

Albe: Piccola, non fare cazzate. Appena vedi i messaggi richiamami, ti prego

Cosa avrò combinato per farlo preoccupare in questo modo? Se soltanto riuscissi a ricordarlo…

**

ALBERICO'S POV

«Stai messo proprio male oggi, eh? Le occhiaie ti arrivano fin sotto terra!» dice Michele, entrando in camera mia, tirandomi una leggera pacca sulla spalla.

Mi giro e lo guardo male.

Beatrice non si è fatta sentire per nulla, ed è inutile dire che non ho dormito neppure un minuto. Ero preoccupato. *Sono* preoccupato.

Quando mi ha telefonato doveva aver bevuto decisamente troppo e non era consapevole di ciò che faceva e diceva. Qualcuno avrebbe potuto approfittare di lei e... oddio, no. Non voglio neanche pensarci. Però mi domando dove fossero i suoi amici: si saranno ubriacati con lei, o addirittura l'avranno incoraggiata a bere così tanto? Se soltanto mi avesse dato ascolto. Scuoto la testa.

«Ancora quella ragazza, eh?» dice Michele, sedendosi sul letto, proprio di fronte a me.

Annuisco, passandomi una mano sul viso, sospirando un'altra volta. *Bea, se sapessi quanto mi fai sospirare...*

Bea. I miei amici sanno tutto di lei, sanno della nostra amicizia, gliene ho già parlato.

«Cos'è successo?» domanda Michele, mettendosi più comodo. Io invece non riesco neanche a reggermi in piedi. Sono stanco e ho troppo sonno.

«Ieri è andata a una festa. Non so perché... ma all'improvviso mi ha chiamato, alle tre di notte. Era ubriaca fradicia, Michè. Ha iniziato a dire cose che... lasciamo stare.» Sospiro ancora.

«Che genere di cose?» mi chiede lui.

«Diceva che avrebbe voluto essere con me in quel momento... che se fosse stata con me ci saremmo baciati. Ha iniziato a dirmi che mi vuole bene e che vorrebbe baciarmi. Rideva senza motivo. Era *andata*, capisci? Lei non le direbbe mai quelle cose! Insomma, siamo solo amici!» concludo, mentre mi passo una mano tra i capelli.

«Be', non dovresti esserne felice? Stai sempre a dire che cerchi una ragazza, che non hai ancora trovato quella giusta...» ribatte Michele con un sorrisetto.

Lo fulmino con lo sguardo.

«Non è questo il problema. Il problema è che all'improvviso mi ha detto che doveva chiudere, e poi non ha risposto più alle mie chiamate e ai miei messaggi. E sono in ansia da morire. Se le fosse successo qualcosa?»

«Ma no, tranquillo. A meno che qualcuno non si sia approfittato di lei...»

Gli tiro un cuscino. Io sto morendo per la preoccupazione e lui mi dice queste cose?! «Vai a quel paese» commento in risposta.

E proprio in quel momento il mio smartphone inizia a vibrare. Un messaggio. Vibra ancora. Due. Mi affretto a vedere chi sia. Faccio un sospiro di sollievo quando noto il suo nome sul display.

Michele se ne accorge. «È lei?»

Annuisco sorridendo.

Bea: Albe...

Bea: Scusa se non ho risposto alle tue chiamate e ai tuoi messaggi

Butto la testa all'indietro e mi distendo sul letto sospirando. Finalmente sento la preoccupazione svanire, come un fantasma che mi opprimeva il petto. Mi affretto a rispondere.

Me: Non importa. Tu stai bene?

Bea: Tutto bene, a parte questo mal di testa del cavolo

Me: Sono stato in pensiero tutta la notte, Bea. Non ho chiuso occhio

Bea: Se è per colpa mia mi dispiace, dico davvero

Me: Non importa

Bea: Albe... ieri notte ti ho chiamato.
Cosa ti ho detto?

Davvero non ricorda nulla? Era ubriaca fradicia, me lo aspettavo comunque.

Me: Non ricordi proprio nulla?

Bea: Assolutamente nulla

E ora? Devo raccontarle cosa mi ha detto ieri notte, o meglio lasciar perdere?

Ci penso un po' su, e alla fine decido per la seconda opzione. Non le dirò niente.

Non serve farla preoccupare senza motivo. Alla fine lei sta bene, non le è successo niente. Questa è l'unica cosa che conta. E se questa non è soltanto un'amicizia… prima o poi lo capiremo.

Me: Non hai detto nulla di che,
abbiamo semplicemente parlato

Bea: Che sollievo!

Me: Tranquilla ☺

Bea: Ah, e scusa se ieri ti ho svegliato.
Sono sicura che stessi dormendo,

erano praticamente le tre del mattino.
Non so proprio cosa mi sia saltato in mente ☺

Me: Smettila di preoccuparti inutilmente.
Sai che amo parlare con te, quindi sono felice
che tu mi abbia chiamato. Tu stai bene,
questo è l'importante

Bea: Albe... grazie

Me: Per cosa?

Bea: Per tutto. Grazie di far parte
della mia vita

Me: No, Bea. Grazie a te di far parte della mia

capitolo 7

BEATRICE'S POV

Apro leggermente gli occhi. Un braccio circonda il mio corpo, mentre una testa è appoggiata sul mio petto. Sorrido. È Alberico. Mi muovo piano, e lui alza lentamente la testa. Mi sorride anche lui, con un sorriso stanco e gli occhi assonnati. Dio, se è bello! Con la mano inizia ad accarezzarmi i capelli, per poi scendere verso il mio collo, e poi ancora verso le spalle. Abbasso le palpebre e socchiudo le labbra. La sua bocca si appoggia sul lato scoperto del mio collo e mi provoca una scarica di brividi per tutto il corpo. Riapro gli occhi, incontrando il suo dolcissimo sguardo. Sorride appena, poi chiude gli occhi, mentre a poco a poco la distanza tra le nostre bocche scompare. Stiamo per baciarci, finalmente…

E poi…

La sveglia suona insistente sul mio comodino. Spalanco gli occhi. Ma che cavolo?!

No, per favore, no. Non è possibile. Era solo uno stupido sogno. Che palle. Eppure, sembrava tutto così reale.

Mi alzo dal letto, la giornata non può cominciare peggio. Vivere un momento così speciale e poi scoprire che è stato solo il frutto della mia immaginazione… Che crudeltà.

Mi lavo e mi vesto controvoglia, prendo lo zaino e mi incammino verso la porta per uscire senza neanche fare colazione. La mamma prova a chiedermi cos'è successo, ma non ho molta voglia di raccontarle del mio sogno. Così le dico che mi dispiace che Giovanni sia partito di nuovo per il Molise, e che ogni volta debba affrontare un viaggio così lungo per stare con la ragazza di cui è innamorato.

La mamma mi abbraccia e mi dà una carezza sul viso, sorridendo dolcemente.

«Se Francesco avesse abitato dall'altra parte del mondo, tu non avresti cercato di fare tutto il possibile per stare con lui?»

«Oh, non importa, perché voi non mi avreste mai lasciata andare…»

«Ma a parte questo, Bea, quello che sto cercando di dire è che… non credi che ci siano distanze che tutti noi siamo disposi a percorrere, per amore?»

«Credo di sì» le dico, pensando a tutta la distanza geografica che c'è tra me e Alberico.

«Ma lo sai come dice quel libro... *Nessun luogo è lontano.*»

Grazie, mamma, bel tentativo di tirarmi su di morale. In tutta risposta le sorrido ed esco di casa in silenzio, a testa bassa, mentre mi sforzo di cacciare dalla mia mente le immagini di quel bellissimo sogno. Se chiudo gli occhi Alberico è ancora qui con me, che mi stringe tra le sue braccia e sta per baciarmi. *Perché non basta un battito di ciglia ad accorciare le distanze?*, mi domando mentre mi avvicino alla fermata della metropolitana.

In questo mondo reale, così lontano dai miei sogni, è passata ormai una settimana dalla notte in cui mi sono ubriacata, e la mia amicizia con Alberico sta diventando sempre più speciale e unica. Alle volte ho l'impressione che con lui posso parlare davvero di tutto, anche molto più che con Chiara.

E a proposito di Chiara, dalla sera della festa continua a evitarmi. Non riesco a capire se si è arrabbiata perché ha dovuto farmi da infermiera mentre ero ubriaca, o se c'è dell'altro. Le ho raccontato di Francesco e lei mi ha confessato che lui le ha parlato, l'ha implorata di aiutarlo a convincermi a dargli un'altra possibilità perché è ancora innamorato di me. Non è incredibile? Si fa tanta fatica per dimenticare una persona e poi quella persona torna nella tua vita e niente è più chiaro. Se penso ad Alberico, voglio soltanto lui. Però, se penso a Francesco... vorrei indietro tutto l'amore che avevamo. Che confusione. Per distrarmi, ho provato a scucire qualche informazione a Chiara sul misterioso ragazzo per il quale si era truccata da diva, ma non ha voluto parlarne, anzi ha detto che non c'era proprio nessun ragazzo. Io non le credo. Probabilmente il tipo che sperava di incontrare a quella festa non si è fatto vedere, o ancora peggio le ha dato buca. Forse lei se lo aspettava, che lui la deludesse, e per questo ha tenuto il segreto e ha voluto evitare l'argomento, perché non sarebbe riuscita ad affrontare la delusione. Eppure, siamo amiche da così tanto tempo... Vorrei sapesse che io per lei ci sono sempre, qualsiasi cosa succeda. Oggi forse finalmente riuscirò a dirglielo. *Voglio* dirglielo. Qualsiasi sia il problema, lei non è da sola, ci siamo io e Alex, e ci saremo sempre a guardarle le spalle. So che lei farebbe lo stesso con me. Gli amici non si abbandonano mai, nemmeno nel momento del bisogno. E soprattutto quando non si rendono conto di trovarsi nel momento del bisogno.

**

L'aria è abbastanza fredda stamattina, così mi stringo nella mia giacca. Indosso le cuffie e la riproduzione casuale fa partire *Spaces* degli One Direction. Sospiro pesantemente.

Oh, spaces between us.

Canticchio. Insomma, con questa canzone come faccio a non pensare ad Alberico? Parla proprio di me, di noi. E in un attimo immagino come potrebbe essere avere Albe nella mia vita. Penso che in un certo senso lui ora *fa* parte della mia vita, ma quanto sarebbe bello averlo accanto in ogni momento? Abbracciarlo ogni volta che ne ho voglia? Guardarlo sorridere, e ridere insieme a lui? Guardare i suoi profondissimi occhi. Ma no, Bea, assolutamente no: resta nel mondo reale, il sogno lascialo là, nella tua camera da letto.

Il telefono vibra appena arrivo alla stazione della metropolitana.

Albe: Buongiorno, piccola mia!

Sorrido d'istinto e arrossisco leggermente al nome che mi ha dato. Piccola mia. Piccola mia. Anche altre volte mi ha chiamata così, ma credo che non mi abituerò mai a questa dolcezza.

Me: Buongiorno anche a te, ciuffo

Blocco lo schermo del cellulare e timbro il biglietto ai tornelli. Sta per cominciare un'altra terribile, infernale giornata di scuola.

**

Sono sopravvissuta, almeno fino all'intervallo. Appena suona la campanella corro in corridoio. C'è un angolino accanto ai caloriferi, dove si può stare seduti sul davanzale dei finestroni e guardare il cielo. Di solito mi metto lì, con Chiara, a mangiare. Ma oggi la mia migliore amica non mi ha seguita appena mi sono alzata dalla sedia. Stava armeggiando con il suo smartphone sotto il banco. Chissà a chi stava scrivendo. Forse a quel ragazzo misterioso di cui non mi ha ancora voluto parlare. Non voglio insistere, so che quando se la sentirà sarà lei a raccontarmi tutto.

Mi metto in fila alle macchinette, e quando arriva il mio turno vedo Chiars che mi viene incontro, mentre io mi piego per prendere un tramezzino dallo sportello. Ha gli occhi che brillano e un sorriso che va quasi da un orecchio all'altro. Sarà difficile contenere la mia curiosità.

«Ehi» mi dice. La saluto con un cenno del capo. Prende anche lei un tramezzino, e insieme attraversiamo il corridoio per andare a sederci nel "nostro" posticino.

«Che ne dici di tornare un po' ai vecchi tempi? Oggi pomeriggio vieni a casa mia e guardiamo *Pretty Little Liars* con una ciotola di pop-corn e due bicchieroni di Coca-Cola, ti va?» mi domanda a un certo punto.

«Ci sto!»

Battiamo il cinque.

«Bene. Ah, lo dico io ad Alex, okay? Sempre se si decide a leggere i messaggi, quell'idiota!» conclude Chiara alzandosi in piedi.

«D'accordo. Dove vai così di fretta? È ricreazione!» Alzo la voce per far sì che mi senta in mezzo alla confusione di tutto il chiacchiericcio intorno a noi.

«Scusa ma... devo tornare in classe. Devo ripassare per il compito di matematica, e anche tu dovresti!» dice, sparendo tra le teste degli studenti che bivaccano in corridoio. Sarà vero o dovrà scrivere di nuovo al suo ragazzo misterioso? In tal caso, be', avrebbe potuto farlo anche qui di fronte a me. Inizio a pensare che Chiara mi stia nascondendo qualcosa di molto più importante di un ragazzo. Già, ma cosa?

Scrollo le spalle e mi dirigo verso il bagno.

Sulla strada incontro Alex, e quando mi vede si incammina verso di me per abbracciarmi.

«Allora, quanti due hai preso stamattina?»

«Scemo. Tu quanti ne hai presi?»

«Nessuno.» Il telefono gli vibra nella tasca. Alex lo prende e accende lo schermo. C'è una notifica di WhatsApp. Alex all'improvviso sembra imbarazzato, cerca di bloccare il display il più rapidamente possibile ma faccio in tempo a vedere che è un messaggio di Chiara. Un messaggio fatto solo da icone di faccine che mandano baci.

«Non rispondi?» gli chiedo.

«No, non è... niente di importante.»

«Allora ci vediamo da Chiara oggi pomeriggio?»

Alex annuisce e sorride.

«Ci vediamo dopo!» dico, avviandomi verso le scale per scendere al piano di sotto.

Prima che la lezione di inglese cominci controllo se ho qualche messaggio.

Sorrido vedendo il suo nome.

Albe: Mi manchi

Mi manchi. Gli manco. No, non è possibile. Non posso mancare ad Alberico De Giglio.

E invece è tutto vero, è qui scritto sullo schermo del mio smartphone. Quando me ne rendo conto, mi sento avvampare. Manco ad Albe. Digito velocemente un «Anche tu xx» proprio un attimo prima che la prof entri in classe.

E poi, quando apro lo zaino per tirare fuori i libri e il quaderno, trovo una sorpresa. C'è una rosa rossa, con legato un biglietto. Per un attimo vorrei che fosse un regalo di Alberico, ma capisco che è impossibile... Apro il biglietto: «*Perdonami. Niente è perduto. Tutto può ricomin-*

ciare in un istante. Ti amo. Francesco». Quando smetto di leggere, mi accorgo che accanto a me Chiara mi sta guardando. Non faccio fatica a immaginare come sia arrivato qui questo biglietto.

«Dovresti pensarci, sai. Secondo me è sincero» bisbiglia Chiara mentre la professoressa chiude la porta e si siede alla cattedra.

**

Sono le 4:57 del pomeriggio e alle sei devo andare a casa di Chiara. Ho messo la rosa e il biglietto in un cassetto della scrivania e li lascerò lì. Non ho voglia di pensare a Francesco. C'era già abbastanza confusione nella mia vita prima che lui tornasse. E sono sicura che se Alberico fosse qui con me a Milano, se lo avessi baciato, e mi dicesse di persona quanto gli manco quando non siamo insieme, non avrei tutti questi dubbi.

Decido di rilassarmi un po' sul letto, con Twitter ovviamente. Scrivo qualche tweet e rispondo ad alcune ragazze che conosco. A un tratto il mio telefono vibra, segno che qualcuno mi ha pensato.

Albe: Beaaa

Albe: Ti voglio taaanto bene, lo sai vero?

Me: Io invece no ☺

Albe: Non l'hai detto sul serio

Me: A quanto pare sì ☺

Albe: Sei un'idiota ☹

Albe: Ma ti voglio bene lo stesso, sono un bravo ragazzo

E io ti amo. Lo penso, ma non lo scrivo. Digito un semplice: «Anche io, stupido» e mi alzo. Devo preparami, tra poco sarà ora di uscire.

**

«Ma chi cavolo è Charles?» chiede Alex urlando contro il computer.

«Dovrebbe essere lui A!» rispondo, ridendo leggermente alla sua reazione alla fine della puntata.

«Ma non ha senso! Marlene ha detto che A era qualcuno che avevamo già visto negli episodi, non uno uscito dal nulla!» Alza la voce, sbattendo il telefono sul letto.

Io e Chiars ci guardiamo in faccia e scoppiamo a ridere.

«E poi non è giusto che abbiano arrestato Alison, sappiamo tutti che non ha ucciso Mona! Poi cosa sarebbe questa *dollhouse*? Non sanno più cosa inventarsi!» urla ancora Alex.

Ecco, questo è quello che succede ogni mercoledì da

quasi tre anni, anche se ultimamente ci siamo persi qualche puntata per colpa della scuola e di altri impegni. Impazziamo per trovare una teoria plausibile su chi possa essere A in *Pretty Little Liars*. In fin dei conti è divertente, e lo è soprattutto vedere Alex che si agita e inveisce contro il computer per tutte le cose impossibili e strane che succedono in questa serie TV.

«Che ne dite se ordiniamo della pizza e la mangiamo qui in camera?» propone Chiara.

Siamo tutti d'accordo, la fame comincia a farsi sentire e non abbiamo voglia di tornare ognuno a casa propria, così nemmeno un'ora dopo ci troviamo con tre cartoni di pizza sul letto di Chiars e uno stupido talent show in TV. Parliamo un po' di tutto quello che ci succede, ridiamo e scherziamo. Adoro trascorrere i pomeriggi e le serate con i miei amici. Non potrei immaginare una vita senza di loro. Credo che l'unica cosa che potrebbe esserci in più, in questo momento, sarebbe avere Alberico qui con noi. Di sicuro Alex e Chiara lo tratterebbero come un loro amico. Facevano così con Francesco, fino a quando non…

Prendo il telefono ed entro su Twitter. Spalanco gli occhi nel vedere che tutti parlano di Alberico, così decido di controllare gli hashtag che fanno tendenza.

#CongratulazioniAlberico #AlbericoeMelissa

Sento una stretta allo stomaco. Apro immediatamente uno di quegli hashtag e noto le foto di Alberico e di questa Melissa. Fuori da un locale. Si guardano, si sfiorano, sorridono. Eccoli lì, in una, due, dieci foto. Un colpo al cuore.

C'è una fotografia in particolare che cattura la mia attenzione più di tutte le altre. Raffigura loro due, Alberico con un braccio intorno alle spalle di Melissa. Lei è bellissima. All'improvviso sento gli occhi inumidirsi e il cuore accelerare. E una voce dentro di me che sembra dire: *No, non è vero. Non sta succedendo.*

«Bea, mi stai ascoltando?» mi chiede Chiara, scuotendomi per il braccio.

Alzo di scatto gli occhi dal display del mio smartphone. «Eh? Cosa?»

«Ma è successo qualcosa? Oddio, Babs, stai per piangere?» domanda la mia migliore amica allarmata, catturando anche l'attenzione di Alex che era concentrato sul suo telefono. Si avvicinano e si siedono al mio fianco. Ho già spento lo schermo, quindi non fanno in tempo a vedere le fotografie che mi hanno appena spezzato il cuore.

Guardo prima Chiara, alla mia destra, e poi Alex, a sinistra, e infine scuoto la testa.

«No, no. Sto bene» rispondo con voce tremante, mentre mi sforzo di fingere un sorriso, ma sono sicura di non essere stata convincente.

Non sono brava a mentire, e poi loro mi conoscono troppo, troppo bene.

«Avanti, che succede?» insiste Alex.

«Nulla... ho detto che... sto bene. Mia madre mi ha mandato un messaggio, devo tornare a casa, devo aiutarla con... una cosa, visto che Giovanni non c'è» rispondo alzandomi di scatto dal letto. Prendo la borsa e mi dirigo a passo svelto verso il corridoio.

Sento che potrei scoppiare a piangere da un momento all'altro.

«Ci sentiamo, okay?» dico, prima di sparire attraverso la porta.

Scendo i gradini a due a due, saluto velocemente la mamma di Chiara e, una volta uscita dal palazzo, mi avvio verso casa.

Cammino più veloce che posso per arrivare in fretta. Senza che me ne accorga, una lacrima riga il mio volto.

capitolo 8

Sono le 3:29 del mattino, e io sono ancora sveglia, con le lacrime agli occhi. Ho preso davvero male la storia di Alberico e Melissa.

Ho sempre creduto di provare dei sentimenti veri per lui, non un semplice amore tra fan e idolo, ma qualcosa di completamente diverso.

Da quando ci siamo conosciuti, ne ho avuto la conferma. Amo Alberico, più di qualsiasi altra cosa, e vederlo con un'altra ragazza mi ha distrutta. Cosa sta succedendo? Un amore che credevo morto e sepolto torna a travolgermi, e un amore che credevo stesse sbocciando è appassito in un attimo. Se solo Giovanni fosse qui, andrei in camera sua a svegliarlo e a parlargli. Lui è l'unico in grado di capirmi, anche molto più di Chiara e Alex. Giovanni però è ancora in Molise e sicuramente a quest'ora di notte sta dormendo. Non lo posso certo disturbare.

Entro su WhatsApp e controllo l'ultimo accesso di Alberico, alle 6:13 PM. Lo stato improvvisamente cambia, mostrando la scritta ONLINE.

Mi affretto a chiudere l'app, non ho voglia di parlare con nessuno, tantomeno con lui. Sono arrabbiata, e non dovrei esserlo, dato che non siamo nulla, se non buoni amici. Come ho fatto a credere che un'amicizia a distanza potesse trasformarsi in un sentimento più profondo? Penso a tutte le volte in cui io sono uscita con i miei amici e immagino tutte le volte in cui Alberico è uscito con i suoi amici. Mille occasioni in cui può aver conosciuto un'altra ragazza. E così, tra quella più vicina e quella lontana, lui ha scelto quella più vicina. Le distanze tra di noi, Alberico. Distanze insormontabili. Questo smartphone mi ha fatto soltanto illudere che la lontananza non contasse nulla, e invece conta moltissimo. In uno scatto di rabbia tiro il telefono ai piedi del letto e vorrei quasi spaccarlo. Ora prendo e disinstallo WhatsApp, e cancello tutti i nostri messaggi. Albe è sempre stato pura illusione. Proprio come ieri mattina, quando l'ho immaginato accanto a me che mi abbracciava... soltanto un sogno.

Il mio telefono vibra, e spero con tutta me stessa che non sia lui. Mi allungo per recuperarlo e apro il messaggio, rimanendo delusa. È proprio lui.

Albe: Ehi piccola ***3:32 AM***

Mi scollego da WhatsApp: va bene, niente decisioni affrettate. I suoi messaggi mi servono, almeno per ricordarmi che *non* è stato proprio tutto un sogno. Però per il momento non ho intenzione di rispondergli. Cavoli, non avrei dovuto cedere, non avrei dovuto farmi vedere online.

Albe: Tutto bene? Perché non rispondi? ***3:35 AM***

Albe: Bea? ***3:40 AM***

Albe: Lo so che sei sveglia. E mi sento anche uno stupido stalker a controllare...

Maledetta barra delle notifiche che non fa mai vedere i messaggi per intero nelle anteprime! Apro il messaggio.

Albe: Lo so che sei sveglia. E mi sento anche uno stupido stalker a controllare ogni due minuti il tuo ultimo accesso. Perché mi ignori? ***3:46 AM***

Mi sconnetto ancora una volta. Basta, non gli risponderò più.

Un'altra lacrima mi riga il viso. Ho aspettato questo momento per due anni, e ora? Ora che ne ho la possibilità lo ignoro. Brava Beatrice, complimenti davvero.

Il mio telefono vibra di nuovo, e mi sorprendo quando sul display si illumina il nome di Alberico. Mi sta chiamando. Dovrei rispondere? Senza pensarci trascino il dito sulla cornetta verde.

«Bea?» chiede Alberico dall'altra parte del telefono.

Sospiro pesantemente, cercando di trattenere le lacrime, ma non dico nulla.

«È successo qualcosa?» mi domanda a voce bassa, come se avesse paura che qualcuno possa sentirlo.

«No» mi limito a dire.

Sospira anche lui. «Non è vero, invece» ribatte.

«E invece io ti dico che è così, sto bene» rispondo, tirando leggermente su col naso.

«Stai piangendo...» dice in un sussurro, e non capisco se è un'affermazione o una domanda.

«Sto bene» ripeto, anche se la mia voce spezzata mi tradisce sicuramente.

«Ripeto, stai piangendo. Sai che a me puoi dire tutto, ti ho fatto qualcosa? Ho fatto qualcosa che non ti è piaciuto? Non devono esserci segreti tra noi, Bea...» dice Albe, pronunciando il mio nome con un tono quasi supplichevole.

«Vogliamo parlare del fatto di avere segreti, davvero?!» Non riesco a trattenermi.

«A cosa ti riferisci?»

«Alberico, c'è qualcosa che non mi hai detto?» chiedo con voce decisa.

«Non capisco...» dice lui, incerto.

«Non c'è nulla da capire. Ti ho solo chiesto se c'è qualcosa che non mi hai ancora detto!» ribadisco, asciugando con la manica del pigiama le lacrime sulle mie guance.

«Che io ricordi, no... Perché questa domanda?»

«Nulla, così» rispondo.

«Ancora non mi hai spiegato perché stai piangendo e perché non rispondevi ai miei messaggi.»

«Non mi andava di parlare con nessuno... Non sto molto bene» ribatto semplicemente.

Potrei mai confessargli che piangevo per lui e Melissa? No di certo. Anche io ho il mio orgoglio, e mi pare che finora aprirgli il mio cuore non sia servito a molto, anzi... Tutta la complicità che c'era tra di noi si è frantumata in un istante.

«Okay... Cos'hai?» insiste.

«Nulla di che, solo un forte mal di pancia, ma sto bene.»

«Okay.»

«Io vado a letto, sono quasi le quattro e domani ho scuola...»

«Buonanotte Bea...»

«'Notte...» dico, per poi chiudere la chiamata.

Mi infilo sotto le coperte, cercando di dormire, ma proprio in quel momento mi vibra ancora il telefono.

Albe: No, io e Melissa non stiamo insieme. Se vuoi saperlo, siamo solo amici. Lei è una YouTuber che lavora con il mio stesso manager. È una ragazza meravigliosa, e abbiamo un sacco di cose in comune.
Ma tra noi non c'è niente

Il mio cuore smette di battere. Cosa? Perché me lo ha scritto? Forse l'ha capito da solo. In effetti, pensandoci bene, è strano piangere per uno stupido mal di pancia e ignorare una persona per lo stesso motivo. Che cretina che sono, non sono buona nemmeno a dire una bugia.

Visualizzo il messaggio ma non rispondo. Entro su Twitter e scrivo nella mia bacheca:

@httpalberico: It's been a long day without you my friend.

Poi lascio il telefono sotto carica e mi addormento abbastanza in fretta. Grazie alle parole di Alberico mi sento un po' meglio.

**

La mattina seguente mi sveglio con un fortissimo mal di testa, probabilmente per il lungo pianto della notte scorsa.

Ripenso al messaggio di Alberico, al suo «No, io e Melissa non stiamo insieme». Dovrei crederci?

Devo smettere di pensarci, o starò sicuramente peggio. Ma è terribile vivere nel dubbio. Dev'essere così che si è sentito Francesco: nel dubbio, incapace di scegliere tra me e un'altra...

Mi alzo, vado alla scrivania e tiro fuori la rosa e il biglietto. E se Francesco fosse sincero, se mi amasse ancora? Forse sto perdendo il mio tempo con Alberico, che non mi vorrà mai, mentre lascio andare via il vero amore.

Voglio fare chiarezza. E capisco che l'unico modo sarebbe trascorrere di nuovo un po' di tempo con Francesco... Per adesso però sono troppo affranta per fare qualsiasi cosa. Stringendo tra le dita la rosa senza spine, torno a stendermi sul letto. La cosa più imbarazzante è che Alberico ha capito che piangevo per via di quelle foto. Che vergogna.

Vengo distolta dai miei pensieri quando qualcuno bussa alla porta, e dopo il mio «avanti» entra. È mia madre, che subito mi sorride, poi però incrocia il mio sguardo e cambia completamente espressione. Fissa il mio volto, poi la rosa e poi ancora il mio volto.

«Oddio, Beatrice, cosa ti è successo? Sei pallida come un lenzuolo, sembra che tu abbia appena visto un fantasma! E guarda i tuoi occhi, sono tutti rossi! Cos'hai combinato?» mi chiede allarmata.

«Niente, mamma. Semplicemente questa notte non ho dormito, e in più non mi sento molto bene» dico, passandomi una mano tra i capelli.

«Sai che se si tratta di nuovo di Francesco... me ne puoi parlare, vero?»

«Magari si trattasse di Francesco» commento e quasi scoppio a piangere.

«Senti, se oggi vuoi restare a casa a riposarti, va bene. Non hai verifiche o interrogazioni, giusto?»

Scuoto la testa debolmente. Devo avere un aspetto davvero tremendo per averla impietosita così.

«Daccordo, allora. Io e tuo padre saremo al lavoro, per qualsiasi cosa chiama tuo fratello, arriva in stazione alle nove e poi dovrebbe tornare a casa» dice mia madre.

Dopo svariate raccomandazioni, rimango a casa da sola.

Prendo il telefono e mi connetto a Twitter. Ho una notifica. È un tweet di Alberico.

@Albericoyes: And I'll tell you all about it when I see you again.

Spalanco gli occhi. Mi sbaglio, o è il seguito del testo della canzone che ho scritto prima di andare a dormire? Controllo, è proprio quella.

Per un momento penso che l'abbia fatto apposta, ma

poi mi rendo conto di quanto sono stupida. Devo smetterla di crearmi false illusioni, smetterla di sognare. Tutti conoscono quella canzone, è famosissima. Alberico avrà scritto quelle parole semplicemente perché è in fissa con quel pezzo, proprio come me.

Scrivo un altro tweet.

@httpalberico: We've come a long way from where we began.

Scendo al piano di sotto e corro in cucina. Mi verso del succo di frutta in un bicchiere, prendo un pezzo di crostata e faccio colazione. Per lo meno, tutta questa confusione non mi ha tolto l'appetito. Ho decisamente troppa fame. E poi la mamma dice sempre che in queste occasioni è meglio mangiare, perché a stomaco pieno si ragiona meglio.

Il mio telefono vibra. Lo prendo, e visualizzo una nuova notifica di Twitter.

@Albericoyes: Oh I'll tell you all about it when I see you again.

Sorrido. Dio mio. Con le mani che tremano continuo con l'ultimo pezzo di quel ritornello.

@httpalberico: When I see you again.

Pochi secondi e il mio telefono vibra di nuovo. Un altro tweet di Alberico.

@Albericoyes: Oddio, tutto questo è così dolce.

Scrivo un altro tweet.

@httpalberico: Oh sì che lo è, sei un idiota ma ti voglio bene lo stesso ☺

Ci stiamo praticamente "indirettando" su Twitter, portando avanti una conversazione che possiamo capire solo noi. Infatti tutte le fan si stanno chiedendo cosa stia succedendo ad Albe e quale sia il significato di quei tweet. Io lo so. Sono riferiti in qualche modo a me, e ne sono così dannatamente felice. Il telefono mi vibra ancora una volta tra le mani.

@Albericoyes: Non sono un idiota, tu sei un'idiota. Mi manchi, stupida

Sorrido.

@httpalberico: È vero. Non sei un idiota, ma sei il *mio* idiota. Mi manchi anche tu xx

Di sicuro i miei follower si stanno domandando che cosa vogliano dire questi messaggi. In effetti, sembro una deficiente che scrive cose senza senso. Ma loro non sanno che sto praticamente parlando con Alberico.

Il mio telefono vibra ancora.

Un tweet di Alberico e un messaggio su WhatsApp.

@Albericoyes: Allora sono fiero di essere il tuo idiota!

Sorrido e poi apro WhatsApp.

Albe: Buongiorno Bea!
E così sono un idiota, eh?

Me: Già, te l'ho detto.
Sei il *mio* idiota!

capitolo 9

Sono le cinque del pomeriggio, e ancora non si è fatto buio. La bella stagione si avvicina sempre di più e le giornate si allungano.

È la fine di marzo, e ne è passato del tempo dal giorno in cui Alberico ha inziato a seguirmi su Twitter e abbiamo cominciato a parlare. La rosa di Francesco è sempre nel cassetto e Chiara continua a non raccontarmi nulla del suo ragazzo misterioso. Ho lasciato tutto in sospeso e l'unica cosa davvero importante per me adesso, oltre a recuperare in tutte le materie in cui ho un'insufficienza, è non perdere Alberico.

Siamo ormai molto legati, adoro questa nostra amicizia a distanza. Già, *amicizia*... Vorrei molto di più da lui, ma se stargli in un certo senso "vicino", anche se non lo siamo mai fisicamente, significa essergli amica, be', allora sono felice di essere sua amica. Meglio questo che nulla.

Sono sdraiata sul letto in camera mia, con le finestre aperte finalmente, dopo il lungo inverno. Ancora cinque minuti e poi giuro che mi alzo e mi metto alla scrivania. Prima però... guardo il telefono e rido leggendo il messaggio di Alberico.

Albe: Sei una maniaca ☺

Si riferisce a un commento che ho fatto su Leonardo DiCaprio quando era giovane.

Me: Non ti scandalizzare troppo Albs,
sono un essere umano anche io!

Albe: Prima di tutto, hai sedici anni!
Seconda cosa, adoro quando mi chiami Albs!

Me: Caro Albs, ne compio diciassette quest'anno!
Non sono piccola come dici tu, ehy, e poi tu ne hai
diciotto, non sei chissà quanto più grande!

Albe: Sei piccola ☺☺☺

Me: E tu stronzo

Albe: Visto che sono tuo amico voglio farti
una domanda un po' imbarazzante

Me: Non troppo imbarazzante però ☺

Albe: Sei vergine? ☺

Arrossisco immediatamente, sorridendo. Oddio.

Me: Sei un idiota, non ho intenzione di rispondere a questa domanda!

Albe: Dai, sono curioso

Me: Sì, lo sono

Il mio messaggio viene visualizzato, ma devo aspettare un po' prima della risposta.

Albe: Tu stai scherzando...

Me: Purtroppo no

Albe: Perché purtroppo?

Me: Sono l'unica tra tutte le mie amiche. Ma va bene così, non ho ancora incontrato l'amore della mia vita...

Albe: Be', sono sicuro che troverai la persona giusta per te, quella che ti amerà proprio come meriti di essere amata

Me: Ho avuto solo una relazione "seria"

Albe: Vuoi parlarne?

Me: Il suo nome era Francesco. È, non era. Non è morto. Siamo stati insieme sette mesi, ti giuro che l'ho amato con tutta me stessa.

Per fortuna non ho voluto mai fare nulla con lui,
non sai quanto me ne sarei pentita
dopo tutto quello che è successo.
Un pomeriggio, sono andata a casa sua
e mi ha aperto la madre.
Sta di fatto che sono entrata in camera sua
e l'ho trovato a fare... a baciarsi con...
con Morgana, una delle più grandi stronze
della mia scuola

Albe: Mi dispiace così tanto, Bea.
Di una cosa sono sicuro, però.
Sono sicuro che un giorno incontrerai
qualcuno che ti regalerà la notte
più bella della tua vita

Quanto vorrei che fossi tu quella persona, penso, ma ovviamente non lo scrivo. E poi sento una fitta di dolore dentro di me, proprio in quell'angolo della mia mente dove tante volte avevo immaginato che quel momento così speciale sarebbe stato con Francesco.

Mi alzo e vado alla scrivania. Dovrei rimettermi a studiare, ma intanto apro il cassetto, tiro fuori la rosa, ormai avvizzita, e rileggo il biglietto. Cosa ci faccio qui a parlare d'amore su WhatsApp con un ragazzo che forse non rivedrò mai di persona? Forse ha ragione Chiara, forse è davvero il momento di dare un'altra possibilità a Francesco. Dipende tutto da me. In questo caso sono io a decidere se con Francesco l'amore potrebbe ricominciare. Tutti questi pensieri, come un fiume in piena, mi attraversano la mente e il cuore mentre continuo a chiacchierare con Alberico.

Me: Ne sono sicura anche io, grazie Albs

Albe: Cambiamo discorso.
Fai qualcosa stasera?

Me: In realtà sì, vado al bowling
con Chiara e Alex. Tu invece?

Albe: Abbiamo organizzato una serata
con alcuni amici. Mangeremo una pizza,
berremo birra e guarderemo una partita.
Proprio tipiche cose da ragazzi ☺☺

Me: Che bello, salutameli!

Albe: Sicuramente!

Me: Ora vado, ci sentiamo dopo Albs

Albe: Ricordati come sempre
la foto prima di uscire ☺
A dopo Bea

Rido. Succede sempre la stessa cosa quando devo uscire, da quella notte in cui sono andata alla festa: Alberico vuole una mia foto per vedere come sono vestita.

Mi alzo dalla scrivania e mi spoglio, dato che devo fare la doccia.

Prima, però, mi piazzo davanti allo specchio, in reggiseno e mutandine, e mi osservo attentamente.

Adoro questo completo nero in pizzo. Prendo il telefono e scatto una foto. Dopo di che mi sbrigo a infilarmi nella doccia, mi piastro i capelli e indosso un paio di shorts di jeans a vita alta. Per completare il look scelgo una maglia attillata con dei fiori sulle tonalità dal nero al verde acqua. Mi metto le mie amate Vans nere e poi passo al trucco: matita, mascara e lucidalabbra.

Bene, ora devo inviare la foto ad Albe.

Mi piazzo di nuovo davanti allo specchio, esibisco uno dei miei sorrisi migliori, faccio il segno della pace e scatto la foto. Poi cambio idea e ne faccio un'altra in cui mando un bacio.

Apro WhatsApp e dalla galleria scelgo la foto da mandare ad Alberico: quella con il bacio o quella con il segno della pace? Ma no, niente baci, ho detto che è soltanto un'amicizia. Premo il pulsante. Inviata! Mentre aspetto Alex e Chiara, la sua risposta non tarda ad arrivare.

Apro il messaggio.

Albe: Bea, hai davvero intenzione di uscire così?
Mi fai perdere la testa!

capitolo 10

Albe: Bea, hai davvero intenzione di uscire così?

Spalanco gli occhi. Cosa c'è che non va nel mio outfit? Indosso un semplice paio di pantaloncini! «Mi fai perdere la testa» ha scritto. Arrossisco come non avevo mai fatto prima. Ma devo sforzarmi di restare con i piedi per terra. Quella tra me e Alberico è e resterà sempre una bellissima amicizia a distanza, nient'altro.

Non capisco poi come mai se ne esce con questo commento. Come se gli avessi mandato una foto sexy e... Trattengo il fiato mentre un brutto presentimento mi attraversa. No, oh mio Dio, no.

Mi affretto a controllare quale foto gli ho inviato e... merda! Sono una deficiente: invece della foto vestita, ho selezionato quella con l'intimo. Merda.

Me: No, Albe, ho sbagliato foto.
Cancellala immediatamente!

Albe: Nemmeno per sogno.
Sei sexy, piccola

Me: Per l'amor di Dio,
non farla vedere a nessuno!

Albe: La metto come salvaschermo

Me: Non fare l'idiota!

Albe: Dai Bea, sto scherzando ☺

Sorrido imbarazzata, e all'improvviso sento suonare il campanello. Prendo la borsa dal letto e scendo al piano di sotto.

Saluto mio fratello, che è al telefono con la sua ragazza e mi fa un vago cenno con la mano, ed esco. Mi ritrovo Chiara praticamente davanti alla porta.

«Tesoro!» esclama, saltandomi addosso e abbracciandomi.

Rido, cercando di respirare, dato che mi sta quasi soffocando.

«Cos'è successo? Hai una faccia!» mi domanda guardandomi bene in viso.

«Sono così brutta?» domando a mia volta, alzando un sopracciglio.

«No, sei pazza?! Sai cosa intendo, nessuno ti conosce meglio di me!»

«Tu invece perché sei così felice?» le chiedo squadrandola da capo a piedi. Si è messa di nuovo l'ombretto verde da diva e appena mi volto per andare verso la macchina di Alex mi tira leggermente per un braccio, come per trattenermi. «Bea, mi sa che mi sono innamorata» mi confessa tutto d'un fiato.

«Cosa stai dicendo? Ah, lo sapevo! Lo sapevo che c'era... Chi è lui, quello della festa?»

Chiara continua a tenermi per il braccio e a poco a poco la sua stretta si allenta e mi prende per mano. Mi stringe le dita tra le sue, e con la voce piena di emozione mi dice: «Quello della festa, Bea, tu lo conosci molto, ma molto bene. E comunque sì, è di lui che mi sono innamorata. E lui mi ricambia».

A un tratto ho un vaghissimo ricordo: me ne stavo lì, nel giardino di quella villa, al telefono con Alberico, quando ho visto Alex e Chiara uscire dalla casa e passare attraverso la porta-finestra tenendosi per mano. Come ho fatto a non rendermene conto prima? Stava succedendo tutto sotto i miei occhi.

«E lui che dice? Insomma... è ufficiale o...»

«So che vuole essere lui a dirtelo ma... tu fai finta di... come se non ti avessi detto nulla» conclude Chiara prima di aprire la portiera e salire in macchina.

Salgo anch'io, saluto Alex con un bacio sulla guancia e partiamo. Sarà difficile fare finta di niente dopo questa notizia-bomba, ma in ogni caso ho promesso a Chiara che manterrò il segreto, e una promessa è una promessa.

«Tutto bene, Bea?» mi domanda Alex mentre avvia il motore.

«Bene, sì... insomma... mi sa che ho appena fatto una figuraccia.»

«Allora meglio distrarsi. Destinazione bowling!» commenta Chiara, e la sua frase si conclude con un sorriso smagliante, che trabocca di felicità.

**

«Non l'hai fatto davvero!» strilla Chiars, cercando di nascondere il suo divertimento. Intanto Alex lancia la palla sulla pista, buttando giù quasi tutti i birilli. Si volta di scatto e mi guarda ridacchiando, anche lui è molto divertito. Si scambiano un'occhiata e scoppiano entrambi a ridere. Ah, immagino che anche se Chiara non mi avesse detto niente, a questo punto me ne sarei accorta da sola. La complicità tra loro è ormai così evidente e... quasi quasi se li osservo troppo a lungo mi commuovo. Santo cielo, sono così innamorati!

«Bea, la tua Dea» continua Chiara senza smettere di ridere, facendo l'imitazione di una posa sensuale.

«Come James Bond, hai presente? Il mio nome è Bea.

Bea la Dea» aggiunge Alex, e scoppiano di nuovo a ridere all'unisono.

Sbruffo e incrocio le braccia al petto, sbattendo più volte il piede destro sul pavimento in legno.

«Grazie mille, davvero! Mi siete molto d'aiuto, che grandi amici che ho!» borbotto, fingendomi offesa.

«Non offenderti, ma sei un'idiota! Hai inviato una foto ad Albe praticamente nuda e...» inizia a dire Alex, ma lo blocco prima che possa completare la frase.

«Non ero nuda, ero in intimo! E gliel'ho spedita per sbaglio» lo correggo.

«Come vuoi. Sta di fatto che solo tu puoi fare queste cose, è impossibile non ridere» dice, cercando di trattenere le risate per non farmi innervosire. «E poi è un lapsus... sai come si dice... lapsus frodiano.»

«*Freudiano*» lo corregge Chiara. «Lapsus freudiano. Insomma, il tuo inconscio aveva molta voglia di mandare quella foto ad Alberico» conclude, e questa volta non ride. Non mi sta prendendo in giro, è serissima.

«Il mio inconscio non voleva proprio niente» ribatto.

«Perché non l'hai inviata a me quella foto? Saremmo stati tutti più felici» dice Alex, intromettendosi con un sorriso. A queste parole vedo la luce sparire dal volto di Chiara. Sono sicura che lui l'ha detto solo perché non ha ancora il coraggio di spiegarmi che si è innamorato della mia migliore amica.

Lo guardo scioccata, tirandogli un leggero pugno sulla spalla.

«Qui l'unico idiota sei tu, altro che!» commento, sforzandomi di ridere.

Subito dopo Alex va a prendere da bere. Una birra per lui, una Coca per Chiara e un tè alla pesca per me.

«Comunque l'avrei capito» dico a Chiara, cercando di tranquillizzarla. «Anche se tu non mi avessi detto niente. Certe cose si vedono.»

«Lo so, ma vaglielo a spiegare. Lui ha paura che questo rovini la nostra amicizia.»

«Be', per me non cambia assolutamente nulla. Siete ancora i miei migliori amici.»

«E tu sei ancora... sexy-Bea» conclude Chiara ridacchiando.

«Smettila!» Comincio a ridere insieme a lei e in quell'istante il mio telefono vibra. Lo prendo e trovo un messaggio WhatsApp. Lo apro e sorrido vedendone il contenuto.

Albe: Ti salutano tutti! (foto allegata)

La foto ritrae Alberico con altri ragazzi. Si trovano a casa sua, lui ha una birra in mano mentre i suoi amici fanno un cenno di saluto verso la fotocamera, tutti felici.

«Perché sorridi?» chiede Chiara, avvicinandosi.

Giro il telefono verso di lei, mostrandole il messaggio e la foto allegata.

«Oh. Ma guarda che carini!» dice con gli occhi che le si illuminano.

«Facciamone una anche noi, per ricambiare, okay?» propongo. Lei annuisce felice.

Attivo la fotocamera frontale del mio smartphone e ci mettiamo in posa. Chiara mi circonda con le braccia, mentre io faccio una faccia buffa. Strizzo l'occhio sinistro e sorrido, tirando fuori un po' la lingua di lato. Scatto la foto, per poi inviarla ad Albe.

Me: Anche io e la mia migliore amica vi salutiamo!!
(foto allegata)

Albe: Uh, ciao!

Me: kiao xdxd

Albe: Stupida, scommetto che sei arrossita
quando ti ho inviato la foto. Ti conosco, ormai

Me: Ti sbagli invece ☺

È vero, invece.

Albe: Ferisci i miei sentimenti

Me: Oh, povero bimbo

Albe: Una coltellata al cuore avrebbe fatto meno male ☹

Rido leggendo il messaggio, e in quel momento arriva Alex con le nostre bibite.

Blocco il telefono senza rispondere ad Alberico, e riprendiamo il nostro gioco. Ogni questione sembra risolta e per un attimo qualsiasi problema scompare: ci siamo soltanto io e i miei migliori amici, e ci divertiamo come non mai. Continuiamo a giocare a oltranza, una partita dopo l'altra, fino a quando una ragazza del personale viene a ricordarci che il bowling sta per chiudere; in effetti, siamo tutti piuttosto stanchi: è il momento di andare a dormire.

Quando finalmente torno a casa, indosso il pigiama e mi infilo a letto. Mi sono divertita davvero molto con Alex e Chiara. Per il resto della serata Alex non ha fatto altro che prendermi in giro per la foto inviata ad Albe e perché ho buttato giù pochissimi birilli. Il bowling non è esattamente il mio forte, ma le risate con Chiara e Alex sono state il miglior antidoto alla mia figuraccia.

I miei pensieri vengono interrotti dal suono del cellulare.

Albe: Facciamo Skype?

Sorrido. Ovvio che sì, non potrei mai rifiutare.

Me: Sì ☺

Pochi secondi dopo mi arriva una chiamata via Skype. Non è la prima volta che io e Albe ci vediamo su Skype, è già successo. Non perdo tempo, e accetto subito.

Sul mio schermo appare Albe in felpa, con i capelli scombinati, sdraiato su un letto.

Gli sorrido quasi d'istinto. Un sorriso che subito viene ricambiato.

«Ehy» dice, passandosi una mano tra i capelli.

«Ciao, Albe.»

«Sai una cosa?» chiede.

Scuoto la testa. «Cosa?»

«Ho messo quella bellissima foto che mi hai inviato come blocca-schermo.»

«Alberico!» dico quasi urlando, e di scatto mi metto a sedere sul letto. «Stai scherzando, vero? Non l'hai fatto sul serio, ti avevo detto di cancellarla!» esclamo arrossendo.

In risposta lui ride, e in quel momento mi sento così bene. Adoro la sua risata.

«Stavo solo scherzando. Poi guarda, sei arrossita!» dice, continuando a ridere di me.

«Sei un deficiente, te la farò pagare!» ribatto, cercando di camuffare il mio imbarazzo.

«E come?» Alza un sopracciglio e avvicina di più il cellulare al viso.

«Potrei chiudere adesso la videochiamata e non rispondere mai più ai tuoi messaggi e alle tue telefonate. Mmh, questa sì che è una bella idea!» dico ridendo, indicando la faccia scioccata di Albe.

«Oh, non lo faresti mai, mi ami troppo» sorride.

«La convinzione uccide, sai?» gli rispondo, tentando di nascondere il mio sorriso, invano.

Alberico appoggia la mano sul suo cuore, fingendosi addolorato.

«Sei tu che oggi mi stai uccidendo» commenta, con aria sofferente.

Rido fragorosamente.

All'improvviso sento una voce in lontananza, che proviene da casa di Alberico.

«Albe, dove sei?» chiede una voce acuta.

«Sono in camera mia!» urla Alberico in risposta. «È Michele» continua. «Ah, ecco.»

«Oh...» dico, cercando di mantenere la calma.

Alberico allontana il cellulare dal viso e si gira verso sinistra.

«Con chi parli, Albe-rello?» chiede quella voce.

«Con Bea» risponde lui sorridendo.

Vedo Michele che si fionda sul letto con un grandissimo sorriso, rubando il telefono dalle mani di Alberico.

«Ciao, Bea! Piacere di conoscerti, mi chiamo Michele!» esclama, con la sua solita voce squillante.

Rido leggermente.

«Ciao Michele» rispondo, salutandolo con la mano.

«Idiota, sa già chi sei. Ricordi?» Riesco a sentire Alberico parlare dietro di lui.

«Giusto! Allora ciao, sono Michele che già conosci» si corregge. Scoppio a ridere. «Finalmente ti conosco!» continua lui.

«È la cosa che dovrei dire io.» Sorrido e lo sento ridere in risposta.

«Già, ora ti passo Albe-scemo, altrimenti si ingelosisce» dice dandomi la buonanotte.

Albe-rello, Albe-scemo, qualcos'altro?

«Ho una bellissima notizia da darti!» esclama Alberico, riprendendosi il cellulare e facendo un sorriso a trentadue denti. «Presto inizierò di nuovo con gli eventi, e soprattutto presto saprò le date» annuncia trionfante. «Basta con questo studio e questa clausura. Mi sono organizzato con le interrogazioni e i compiti in classe. I miei sono d'accordo, e il mio manager mi darà una mano con la scuola per non restare indietro mentre sono in giro per l'Italia. Che te ne pare?» conclude sorridendo felice.

Salto dal letto, mettendomi in piedi. «Albe, stai scherzando?! Perché… se stai scherzando… oh cavoli, non sei affatto divertente, sappilo!»

Sento il battito del mio cuore accelerare e una strana

sensazione nel petto. Finalmente riusciremo ad abbattere questa distanza e a incontrarci?

«Non sto scherzando. Giuro!» Si porta la mano sul cuore. «Io devo vederti. A qualsiasi costo» mi dice.

«Lo so, è lo stesso anche per me» rispondo quasi bisbigliando.

La mia mente corre di nuovo lassù tra le nuvole, dove avevo lasciato tutti i miei sogni fino a questo preciso istante; e nei miei sogni, io e Alberico stiamo insieme, mano nella mano, lui mi abbraccia, mi accarezza una guancia e finalmente, sussurrandomi tenere frasi d'amore, mi bacia.

«Ci vedremo, piccola» mormora Alberico. Le sue parole sono così dolci, così cariche di promesse, che il mio cuore sembra scoppiare nel petto. Da oggi in poi vivrò soltanto aspettando quel momento.

Parliamo ancora un po' di tutto, della mia e della sua serata. Dopo di che stacchiamo per andare a dormire, dato che entrambi abbiamo scuola domani. All'improvviso sento una nuova energia in me, non temo più le professoresse pazze né i compiti in classe e le interrogazioni andate male. Tutto può volgere al meglio. Posso organizzarmi, come ha fatto Alberico, e impegnarmi al massimo per non deludere i miei genitori. E quando chiederò alla mamma di accompagnarmi a un evento, lei non mi potrà negare nulla, non mi potrà negare la felicità.

Prima di addormentarmi penso alla nostra amicizia. Beatrice e Alberico. Nessuno sa nulla. Il pubblico, intendo. Tutte le sue fan. Loro non sanno dell'amicizia tra me e Albe. È il nostro piccolo segreto.

Chi penserebbe mai che una cosa simile può succedere davvero? Nessuno. Nemmeno io riesco ancora a crederci. È tutto così al limite dell'impossibile... Quante possibilità avevo per farmi notare? Una su un milione? Sono così grata ad Albe per aver scelto me, non smetterei mai di ringraziarlo.

Dopo pochi minuti mi abbandono al sonno con il telefono tra le mani e un ragazzo nella mente. Alberico.

capitolo 11

Se stamattina avessi solo immaginato tutto quello che stava per succedere, non avrei messo il naso fuori di casa. E invece eccomi qua. In un giorno qualsiasi di aprile. Seduta nell'aula magna. A piangere a catinelle. Una fontanella. Altro che Bea la Dea. Bea la fontanella.

Il fatto è che oggi a scuola è un giorno molto speciale. Un giorno senza lezioni, per nostra fortuna, perché è il ventennale dell'apertura dell'istituto e la preside ha deciso di dedicare all'anniversario un'intera mattinata di festeggiamenti di ogni tipo. La chiamano "Scuola aperta" e in teoria i genitori dovrebbero venire a sentirci, ma per fortuna di genitori ce ne sono pochi perché nel bel mezzo della settimana non tutti possono prendersi delle ore di permesso dal lavoro. Mia mamma per esempio non è riuscita a cambiare turno in ospedale (fa l'infermiera), e mio padre è in viaggio come al solito. Meglio così. Molto meglio così.

Nell'aula magna per tutta la mattina suonano i gruppi musicali di cui fanno parte gli studenti, i corridoi sono pieni di disegni, ritratti, sculture e fotografie, insomma qualsiasi talento artistico di noi alunni è lì in esposizione. Chi se la sentiva poteva anche candidarsi per leggere ad alta voce poesie e racconti, e per un attimo ho pensato di recitare una poesia dedicata ad Alberico, ma alla fine ho deciso di evitare. Farò soltanto parte del pubblico.

Bella idea.

Già, perché sono venuta a sentire alcuni miei compagni di classe che fanno rock e hanno da poco un nuovo cantante... e ho scoperto che il loro cantante è Francesco! Ora non so se deludere i miei compagni e andarmene, o stringere i denti e restare qui ad ascoltare la voce di Francesco.

Quando eravamo fidanzati, certe volte lui prendeva la chitarra e mi cantava qualche canzone. Erano soltanto canzoni d'amore e le dedicava a me. Del resto, quando le suonava non c'era nessun altro ad ascoltarlo. Qui invece c'è tutta la scuola, e alcune ragazze fanno degli ululati isterici, nemmeno si trattasse del più grande gruppo rock di tutti i tempi. Insomma, la situazione è già di per sé abbastanza complicata per me, anche perché al mio fianco Chiara e Alex non fanno altro che sbaciucchiarsi per tutto il tempo, e poi... ecco. Non riesco ancora a credere a ciò che ha appena detto Francesco per introdurre il prossimo brano.

«L'amore vero si incontra pochissime volte nella vita. Anche se ho solo diciassette anni, io l'ho già incontrato, e anche se non stiamo più insieme, non lo dimentico. Bea, questa canzone è per te.»

Il gruppo inizia a suonare un pezzo che abbiamo sentito e cantato tante volte insieme: *What Makes You Beautiful* degli One Direction. E le parole della canzone mi spezzano il cuore, in un modo diverso e nuovo, doloroso e dolcissimo al tempo stesso: *If only you saw what I can see / You'll understand why I want you so desperately / Right now I'm looking at you and I can't believe / You don't know / Oh oh, you don't know you're beautiful / Oh oh, that's what makes you beautiful.*

All'improvviso mi ritrovo a piangere come una stupida.

Bea.

Bea la fontanella.

Non è giusto, Francesco non deve approfittarsene così e colpire i miei punti deboli. Lui sa di aver sbagliato, sa di aver tradito la mia fiducia e vorrei tanto poter credere ancora in quel tipo di amore ma… non so se riuscirò a crederci di nuovo. Di sicuro so che non voglio che tutta la scuola mi stia a guardare mentre mi dispero per un motivo che nemmeno io mi so spiegare. Così mi alzo e corro via dall'aula magna.

Eppure, la giornata evidentemente deve solo e soltanto andare peggiorando. Perché appena mi chiudo in bagno e apro il cellulare, scopro che questa mattina finalmente Alberico ha annunciato un piccolo tour, ma – guarda un po' – nessuna data comprende Milano. Tutto, ma non Milano.

Cos'altro mi deve capitare?, mi chiedo mentre chiudo gli occhi, respiro a fondo e mi auguro che questa giornata finisca in fretta. O che io possa acquisire all'improvviso il dono del teletrasporto, per andare in un battito di ciglia lontano dalla scuola e da Francesco, e vicino ad Alberico.

**

I giorni dopo la festa della scuola non sono andati molto meglio. Intorno a me, però, sembra che almeno altre situazioni siano migliorate: Giovanni è di nuovo a casa e ci rimarrà a lungo, perché sarà la sua fidanzata a venire qui a Milano, così non sentirò più la sua mancanza, e non la sentiranno nemmeno i miei genitori. La professoressa di chimica mi ha interrogato di nuovo e questa volta, con mia grande sorpresa, mi sono guadagnata addirittura un otto. Anche i compiti in classe sono andati bene, ho preso tutti voti alti.

Cercare di concentrarmi sullo studio per allontanarmi

da tutto il resto in qualche modo è stata una buona terapia. Anche perché mentre da un lato ho fatto ogni sforzo per dimenticarmi di Alberico, dopo la grande delusione delle date del suo piccolo tour, dall'altro lato ho anche tentato di togliermi dalla testa la voce di Francesco che canta «*I want you so desperately*». Inutile dire che dal giorno del concerto non mi è accaduto altro che di sentire la canzone degli One Direction ovunque. Quando ho accompagnato la mamma a fare la spesa al supermercato, quando sono andata a fare colazione al bar con Giovanni, per raccontargli quello che è successo senza avere intorno le orecchie indiscrete dei miei genitori. Perfino quando sono andata dall'estetista a fare la manicure alla radio passavano quella canzone. Sembra quasi che l'universo voglia costringermi a non dimenticare Francesco e la nostra storia d'amore. Sono sempre più confusa. Perché non mi può capitare una situazione semplice e tranquilla, come quella di Alex e Chiara? Loro sono innamorati e felici. Non c'è nessun ostacolo a frapporsi tra loro e l'amore che provano. Non li invidio, sia chiaro, loro sono e rimangono i miei migliori amici, e auguro a entrambi il meglio… ma al tempo stesso, lo auguro anche a me.

Invece, in questo preciso istante Alberico è a Torino, la città più vicina a Milano nella quale faccia un evento. Ora che si trova a così poca distanza lo sento molto più vicino del solito, ed è straziante non poterlo raggiungere e abbracciare. Perché non è riuscito a organizzare una tappa anche qui? Mi ha detto che farà un incontro a Milano tra qualche mese e che per questo motivo ora deve dedicarsi alle città in cui non è mai stato prima. Da una parte lo capisco: né lui né il suo manager vogliono deludere le fan. Eppure... mi sento uno schifo. Vorrei solo correre da lui, stringerlo a me e non lasciarlo più. Questa è la verità.

Ho provato a parlarne con mia madre, chiedendole di lasciarmi andare da sola a Torino, e inizialmente ha detto di sì, poi ha cambiato idea. L'evento finisce tardi e non si fiderebbe a farmi prendere il treno di ritorno da sola. Ho cercato di convincere Giovanni ad accompagnarmi, ma stasera ha la partita di calcetto con i suoi amici, e dato che negli ultimi tempi ha saltato l'appuntamento più volte, non può proprio mancare. Inutile dire che non c'è stato modo di persuadere mamma o papà a prendere un permesso dal lavoro per portarmi a Torino... Insomma, ho capito che per quanto mia madre sia una donna comprensiva, non ha ancora del tutto capito quanto sia importante Alberico per me. Se avessi lui, sono sicura che riuscirei a dimenticare definitivamente Francesco e il suo *I want you so desperately* che mi rimbomba nella testa.

Probabilmente questo è il giorno più brutto della mia vita.

Il telefono squilla. È una notifica di Twitter.

@Albericoyes: Torino! Non vedo l'ora di vedervi tutti! Daje tutta!

Leggo il tweet e sento il mio cuore spezzarsi. Quanto vorrei esserci. Quanto vorrei essere lì e poter sentire la sua voce a un metro da me. Abbracciarlo. Vederlo fare lo stupido, ridere, scherzare. Prenderei il primo treno per andare da lui, se solo potessi. Ma non posso, mi sono ripromessa di non fare pazzie. Poco dopo Albe mi invia un messaggio.

Albe: Piccola! Torino è incredibile, quanto vorrei che tu fossi qui

Leggo quel messaggio con la vista appannata. A momenti scoppio a piangere, ne sono sicura.

Me: Lo vorrei tanto anche io, credimi

Albe: Le fan sono già tutte dentro e tra poco devo entrare. Ci sentiamo dopo, va bene?

Me: Buona fortuna Albs, sono sicura che spaccherai tutto come sempre. A dopo. xx

Le ore successive sono un vero e proprio incubo. Lui è all'evento e, per quanto possa sembrare stupido, sto male al solo pensiero. Inizialmente mi sforzo di non pensarci, per la centesima volta mi riprometto di rimanere con i piedi per terra, di considerare che la nostra è soltanto una bellissima amicizia, una consolazione per tutto ciò che non va nella mia vita di ogni giorno. Due vite parallele. Due rette parallele. Destinate a non incontrarsi mai.

Cerco di concentrarmi e studiare per l'interrogazione di latino, ma è più forte di me: quasi senza rendermene conto mi distraggo, mi ritrovo con il telefono tra le dita e alla fine passo un po' di tempo su Twitter. La mia timeline è piena di ragazze depresse come me, che sarebbero volute andare a Torino, e di altre che twittano in diretta dall'evento. Le invidio da morire, in questo momento loro si trovano lì. Proprio lì con lui. E io qui, a casa. Seduta a una stupida scrivania, a studiare una lingua che nessuno parla più! Può esserci qualcosa di peggio?!

Aprire Twitter non è stata una grande idea: davanti agli occhi continuano a scorrermi le parole di quelle ragazze fortunate che postano senza sosta frasi straripanti di felicità. Grazie tante. Chi non sarebbe felice al loro posto?

Lo sarei anche io, se solo fossi al loro posto.

Già. Se solo fossi lì. Lì con lui. Nessuno schermo a frapporsi tra noi. Solo i miei occhi che fissano la splendida persona che è.

Sto sprofondando in una voragine di invidia e tristezza,

quindi decido di chiudere Twitter. Devo fare qualcosa, qualsiasi cosa, per uscire da questa situazione. E, mentre sto ancora fissando il cellulare, paralizzata dai miei pensieri, vedo apparire una finestrella luminosa nell'angolo destro dello schermo. È un messaggio. Uno stupidissimo messaggio.

«Come stai?»

Francesco.

Leggo e rileggo la frase come inebetita. So che non dovrei rispondergli, che è tutto sbagliato. Tra noi è finita, e non è lui quello che voglio. È ad Alberico che sto pensando. Ma Alberico è lontano, non ha tempo per me.

E allora rispondo: «Io sto bene, e tu?»

**

Lui mi telefona sì e no un minuto dopo, e ci ritroviamo a parlare di tutto. Degli amici, della scuola, di noi.

«Francesco, se soltanto non avessi baciato Morgana... Tu non hai idea del casino che hai fatto.»

«Ce l'ho, invece, e sono mesi che tento di farmi perdonare. Dammi una possibilità, vediamoci stasera.»

Rimango un attimo in silenzio. Sono le 11 passate. Dovrei finire di studiare, andare a letto, e fare ordine nei miei pensieri. Ma sono troppo confusa e arrabbiata. E alla fine dico di sì.

Così decidiamo di incontrarci al "nostro" parco, a cinque minuti da casa mia, e a mezz'ora da casa sua. Aspetto il momento giusto per uscire. Sono ormai le 11:17 quando, finalmente, mi arriva un WhatsApp.

Albe: Che evento incredibile, probabilmente uno dei più belli. È stato qualcosa di troppo wow

Me: Già...

Albe: Tutto bene?

Me: No, certo che no

Albe: Cosa succede?

Me: Non ce la faccio più così, Albs. Lo capisci? Ho bisogno di vederti

Albe: Bea... ti capisco. Anche io ho tanto bisogno di abbracciarti

Me: ...

Albe: Sto per fare una stronzata. Una bellissima stronzata

Spalanco gli occhi. Cosa? Una stronzata? Che diamine ha in mente di fare ora?

Me: Albe, cosa vuoi fare?

Noto che si è scollegato da WhatsApp. Ma che cavolo...

Me: Albe, rispondimi! ***11:22 PM***

Me: Dio santo ***11:20 PM***

Alberico non risponde più ai messaggi e sono preoccupata da morire per la pazzia che vuole fare.

Me: Ti prego ***11:28 PM***

Me: Dimmi almeno se stai bene, sono preoccupata ***11:32 AM***

Me: Appena vedi i messaggi richiamami, ti prego ***11:35 AM***

Esco di casa cercando di non fare rumore. Se i miei mi scoprono, sono finita. Tutto quello a cui penso mentre cammino per le strade deserte è Alberico. Perché ho accettato di vedere Francesco quando ho in mente tutt'altro?

Prendo il cellulare e controllo ancora una volta l'ultimo accesso di Albe, che è uguale a quello di prima. Alle 11:17 PM. Sospiro.

Poi blocco lo schermo, svolto l'angolo e mi ritrovo nel parco. Ed eccolo lì, Francesco, seduto sulla nostra panchina, dove tutto è iniziato, dove ci siamo dati il primo bacio, il *mio* primo bacio... All'improvviso ho l'impressione di essere entrata in una macchina del tempo, che mi riporta indietro di un anno. Francesco si volta appena sente i miei passi.

«È da molto che aspetti?» gli domando.

«Non preoccuparti. L'importante è che tu sia qui» dice lui mentre mi sorride. Mi avvicino e mi siedo. Lo guardo negli occhi. Cosa sto facendo esattamente? Questi occhi mi hanno fatto sognare ma mi hanno anche ingannato. In questo momento saranno sinceri, o Francesco avrà soltanto trovato un nuovo modo di prendersi gioco di me?

**

Restiamo a parlare per più di un'ora. Lui mi racconta tutto ciò che gli è accaduto in questi mesi, tutto ciò che ha sempre immaginato di dirmi, e io faccio lo stesso. Gli racconto anche di Alberico, della mia rabbia per la distanza che ci divide, e Francesco non è molto contento di sentirne parlare, anche se continuo ad assicurargli che per me si tratta soltanto di una bellissima amicizia.

«Beatrice» mi sussurra «siamo stati insieme abbastanza a lungo perché io capisca cosa significa un certo tono della tua voce… e a me non sembra che questo sia il tuo modo di parlare di un amico.»

«Ti assicuro che invece…»

«Lasciami finire. Ti capisco, sai. Non potevo certo credere che bastasse una canzone o una rosa a farti cambiare idea su di me. Lo so, per uno stupidissimo bacio ho rovinato la nostra storia e ora devo affrontare le conseguenze.»

«Tutti possiamo sbagliare.»

«Esatto, tutti possiamo sbagliare: allora tu non fare come me, non lasciare che la confusione abbia la meglio, fai chiarezza dentro di te. Se vuoi che torniamo insieme, sai dove trovarmi. Ma se devo diventare una specie di consolazione perché questo Alberico ti fa soffrire... Beatrice, non è così che immagino di tornare con te.»

Così dicendo Francesco si alza, mi sfiora la guancia con le labbra e mi prende per mano.

«Vieni, ti accompagno a casa.»

«Franz... io...»

Per pochi attimi resto senza parole, colpita dalla profondità di ciò che mi ha appena detto. Ha ragione lui, ho continuato a sforzarmi di convincermi che quella con Alberico possa rimanere soltanto un'amicizia a distanza, ma in fondo al mio cuore so benissimo che non è quello che desidero, e non lo sarà mai.

«Posso farcela benissimo da sola» gli dico, e lo intendo davvero, in tutti i sensi. Lo saluto con un ultimo bacio, a stampo, sulle labbra, e poi mi giro di scatto e corro verso casa.

Ormai sono le due passate, e appena rallento e apro il cellulare, noto che l'orario dell'ultimo accesso di Alberico non è cambiato e la mia paura aumenta sempre di più.

Mentre continuo a camminare, il mio cellulare prende a squillare. Sospiro quando vedo il suo nome. Rispondo immediatamente.

«Sei un deficiente, oddio. Volevi farmi morire di paura?» dico al telefono.

«Ciao anche a te, Bea» risponde. Stava ridendo, maledetto stronzo.

«Mi ero preoccupata per te, idiota. Con la testa malata che ti ritrovi, con quel *voglio fare una stronzata*, avresti potuto fare qualsiasi cosa!» inizio a dire, gesticolando. È esagerato, lo so, ma io mi sono davvero preoccupata e so che Alberico è capace di fare qualsiasi cosa. Forse in fondo in fondo temevo che se ne andasse in giro per Torino con una delle sue fan o che lì con lui ci fosse di nuovo quella Melissa. Ho paura di perderlo, più di qualunque altra persona al mondo. Dev'essere così che ci si sente quando si trova il vero amore.

«Ma figurati, sto bene, stupida! Piuttosto, dove sei?» mi domanda.

«Ero uscita, ma adesso sto tornando a casa.»

«Sei uscita? E con chi?»

«Con nessuno, sono uscita da sola, così… per fare una passeggiata.»

«Oddio, tu sei pazza, ti rendi conto di che ore sono? È notte fonda e tu esci a fare una passeggiata!»

Rido. Adoro quando si preoccupa per me.

«Sono solo andata a fare un giro, ma sto bene. Tu invece, dove sei?» gli chiedo.

«Ehm... sono... appena ritornato in hotel!» dice incerto.

«Va bene. Ora devo andare, Albe, ci sentiamo domani okay? Buonanotte.»

«Buonanotte, piccola, ti voglio bene.»

Svolto l'angolo della via e, finalmente, riesco a vedere casa mia in lontananza.

Sono davvero troppo stanca. Stanca e confusa. Ho l'impressione di aver finalmente chiuso con Francesco una questione che in qualche modo era rimasta a metà, irrisolta e dolorosa. Mi sembra di essermi tolta un peso. So che con Francesco non potrà mai più funzionare.

In fondo alla strada intravedo una figura seduta sulle scale d'ingresso della nostra casa. Ma chi può essere a quest'ora della notte? Mentre mi avvicino cerco di guardare meglio e di mettere a fuoco quella sagoma, e quando sono abbastanza vicina e la luce dei lampioni ne illumina il volto, spalanco gli occhi. Perdo tutti i battiti e sento il mio cuore stringersi.

Le mie gambe si bloccano, quando d'un tratto lui gira il suo viso verso di me e sorride. Non può essere.

«Albe?»

capitolo 12

Si alza da terra e mi viene incontro sorridendo, mentre io rimango immobile, ma poi a un tratto inizio a correre verso di lui, che spalanca le braccia. Praticamente mi fiondo addosso ad Albe. Lo abbraccio fortissimo e mi aggrappo alle sue spalle. Riesco a sentire il suo profumo. È tutto vero, non è un sogno, questa volta! Sento che le sue mani mi accarezzano la schiena, e mi stringe forte a sé. Mi slancio leggermente e allaccio le gambe intorno al suo bacino. Quando sfioro la sua pelle mi vengono i brividi. Inizio a piangere e appoggio la testa nell'incavo del suo collo.

Eccomi qui, a singhiozzare forte. Lacrime di felicità. Penso a tutte le volte in cui sono stata male per lui, a tutte le volte in cui avrei voluto abbracciarlo ma lui non c'era, a tutte le volte in cui lui mi ha ascoltata piangere al telefono per i miei stupidi problemi e tutte le volte in cui mi ha supportata, dicendo che tutto sarebbe andato bene.

E ora eccolo qui.

Lui mi stringe ancora più forte tra le sue braccia, comincia ad accarezzarmi i capelli. Non so per quanto tempo restiamo in quella posizione, io praticamente aggrappata ad Alberico, con le gambe incrociate intorno a lui, a respirare il suo profumo con le lacrime che non smettono di scendermi dagli occhi. Per me il tempo potrebbe fermarsi in questo preciso istante.

Alzo il viso, per poterlo guardare negli occhi. Ancora una volta devo ricordarmi che questo non è affatto un sogno. Lui è bellissimo. Ha gli occhi lucidi e le guance arrossate. È davvero la creatura più splendida che io abbia mai visto. Mi passo una mano sul viso, asciugando dalle guance altre lacrime scese quasi senza che lo volessi.

«Come hai fatto ad arrivare qui?» chiedo sorridendo.

«Non ha importanza. Sono qui adesso» mi dice Alberico, facendo uno dei sorrisi più meravigliosi di sempre. «Ho deciso di farti una sorpresa. Sapevo che stavi male. E poi dovevo abbracciarti, non potevo più aspettare.»

Lo stringo di nuovo a me, con tutte le mie forze.

«Non potevi farmi un regalo più bello di questo» ammetto sorridendo. Sollevo una mano e gli accarezzo dolcemente i capelli.

Poi mi stacco da lui, appoggiando i piedi a terra.

«Sei un'idiota» bisbiglio.

«E perché sarei un idiota, sentiamo?» ribatte lui, alzando un sopracciglio.

«Mi hai fatta preoccupare da morire. A volte sembra che non te ne importi. Che ti diverti a...»

«Ho fatto l'impossibile per riuscire a essere qui con te, Bea. L'impossibile.»

Gli sorrido, cercando di trovare le parole giuste per rispondergli... Mi sento un po' in colpa, lui era in viaggio per venire da me e io cercavo di consolarmi per la sua lontananza tra le braccia di Francesco. Se solo avessi saputo che la pazzia di cui mi aveva parlato era questa, non avrei mai risposto a Francesco. E mi sento in colpa anche con Franz: stavo per illuderlo, stavo per prenderlo in giro... proprio come lui ha fatto con me. Basta, non voglio più trovarmi così divisa tra due fuochi, voglio che il mio cuore sia sempre e soltanto di Alberico.

«Facciamo due passi?» dico per spezzare il silenzio.

Alberico annuisce e mi prende per mano. Oddio. In questo momento nel mio stomaco non ho delle semplici farfalle, ma rinoceronti, elefanti, giraffe e leoni che ballano la macarena.

Ci incamminiamo lungo la strada e torniamo verso il parco da cui sono arrivata. Mi sembra impossibile, eppure sta succedendo. Alberico si guarda intorno, e senza che io gli dica nulla va a sedersi proprio su quella stessa panchina su cui fino a poco fa ero seduta con Francesco.

«Stai bene?» gli domando.

«Sì, fidati che non sono mai stato meglio di così» dice, girando la testa verso di me e sorridendomi. «Per tre mesi ho cercato di immaginare te che esci di casa, che prendi la metro per andare a scuola, che scherzi per le strade con i tuoi amici… Questo posto sa tanto di te.»

Non posso fare a meno di sorridere, mi ha detto una cosa dolcissima. Stringo più forte la sua mano e Alberico mi sorride di nuovo. I suoi occhi brillano di gioia mentre mi guarda. La stessa gioia che ho visto negli occhi dei miei due migliori amici da quando si sono innamorati. Possibile che finalmente stia succedendo anche a me? Perché sono più che sicura che questa stessa luce ce l'ho anche io, negli occhi. Anzi, sono tutta una luce: è il mio cuore che brilla di gioia e illumina tutto ciò che ho intorno.

Mi siedo a gambe incrociate davanti ad Alberico e rimango in silenzio a osservarlo. Di persona è ancora più bello. Nessun video, schermo, filtro di Instagram potrà mai davvero rendere ciò che vedono le mie pupille in questo momento.

«Sei contenta che io sia qui?» mi chiede, continuando a fissarmi negli occhi.

«Stai scherzando? Mi sembra… anzi, è un sogno» rispondo, senza distogliere lo sguardo. Non riesco a staccare i miei occhi dai suoi.

«No, Bea, non è un sogno, sono qui. Ci sono davvero» dice, afferrandomi per le mani e tirandomi a sé.

All'improvviso siamo dannatamente vicini. Quanto vorrei baciarlo. Mi sforzo di non guardare la sua bocca, sono sicura che lui non ha nessuna voglia di baciarmi.

A svegliarmi dai miei pensieri sono le labbra di Albe appoggiate sulla mia guancia, dove sta lasciando una scia di piccoli baci.

Ridacchio, mi fa il solletico.

Lui si stacca lentamente e mi osserva, per poi sorridere e posarmi un altro bacio sulla fronte. Al contatto, chiudo gli occhi.

Li riapro e noto che i suoi sono abbastanza arrossati.

«Sei stanco?» gli domando.

«Un po'» dice, annuendo leggermente.

Mi alzo e lui osserva ogni mio movimento: gli tendo la mano, che afferra saldamente, e lo aiuto a rimettersi in piedi.

A passo lento, mano nella mano, ci incamminiamo verso casa.

Quando arriviamo, apro la porta d'ingresso cercando di non fare rumore e ci avviamo su per le scale e poi nel corridoio. Gli faccio segno di muoversi con cautela. Se mia madre mi vedesse rientrare alle tre di notte, per di più con un ragazzo, andrebbe su tutte le furie. Apro la porta di camera mia e, una volta entrati, la chiudo a chiave, per evitare che domattina mia madre scopra tutto da sola.

«Dormiamo insieme?» mi domanda Alberico, fissando il mio letto.

«Se per te va bene, sì» gli rispondo.

Non posso certo confessargli quanto spero che dica di sì.

«Certo che mi va bene. Solo che non voglio creare problemi con i tuoi e...»

Lo interrompo scuotendo prontamente la testa.

«Non preoccuparti, davvero. Mio padre è fuori città per lavoro e mia madre... mia madre capirà.»

Alberico annuisce, sorridendo.

Apro l'armadio e ne tiro fuori due pigiama. Vado a cambiarmi in bagno, mentre lui si cambia in camera.

Quando torno, lo trovo con i pantaloni del pigiama, a petto nudo, che osserva le foto appese al muro sopra la mia scrivania. Mi prende un colpo e quasi mi strozzo con la saliva.

«Che cosa fai?» dico.

«Sto guardando le tue foto. Che belle queste!» esclama, indicandone tre con la mano.

La prima ritrae me e Chiara in classe, abbracciate. La seconda è stata scattata a tradimento e raffigura me che rido, con una mano davanti alla bocca. Anche io amo quella foto, è così spontanea. La terza, un po' più grande delle altre, è un collage di due foto: un mio selfie con Albe, scattato durante il suo ultimo evento a Milano, e una foto che mi aveva fatto una ragazza mentre lo abbracciavo. Sotto, c'è scritto in corsivo: *I don't know where you are, but I'm with you.*

Mentre legge questa frase, Alberico fa un sorriso bellissimo.

«Adoro la tua camera» dice, guardandosi intorno.

Mi avvicino al letto e scosto le coperte. Vedo Alberico buttarsi letteralmente sul materasso e così lo imito: mi tuffo anche io. Lui si gira su un fianco per farmi spazio. Mi attira a sé e appoggio la testa sul suo petto.

Lui si addormenta subito, ma io non riesco. Rimango a osservarlo mentre dorme, con la guancia sinistra schiacciata contro il cuscino e le labbra schiuse. È bellissimo, e finalmente è qui con me. Non c'è niente di più strano e meraviglioso che vederlo dormire nel mio letto. E mentre questi pensieri affollano la mia testa, pian piano scivolo anche io nel sonno.

capitolo 13

ALBERICO'S POV

Mi sveglio sentendo dei rumori che, probabilmente, vengono dal corridoio. Mi strofino gli occhi e metto a fuoco la stanza, cercando di ricordare dove mi trovo.

Vedo Bea che dorme accanto a me. La parte destra del suo viso è schiacciata contro il cuscino, con i lunghi capelli biondi sparsi in modo disordinato tutto intorno. Dio, se è bella. Le sistemo una ciocca che le era scivolata sulla guancia. Non posso fare a meno di pensare che vederla dormire accanto a me, con la mano stretta sul mio fianco, sia la cosa più meravigliosa del mondo. E non posso fare a meno di pensare a quanto avrei voluto baciarla, ieri sera.

Ma non potevo farlo. Un bacio è un passo importante. Per me un bacio significa davvero tanto. Devo prima mettere un po' di ordine nella mia testa, capire bene cosa sta succedendo e, soprattutto, devo cercare di capire cosa provo per lei. Ho scelto di venire qui quasi d'istinto, e non so se si è trattato di una pazzia o se... se c'è in ballo qualcosa di più. Insomma, mi sento ancora confuso, non so quale significato abbiano per me queste emozioni. Probabilmente sto cominciando a provare qualcosa di davvero molto forte per Bea. E non mi accadeva da tanto tempo, ormai. Ma con lei tutto sembra diverso. Mi sembra di essere tornato un bambino. Tutto è nuovo per me. Questo sentimento è nuovo. Credevo di essere già stato innamorato una volta, ma in questo momento non capisco cosa mi stia succedendo. Sembro un dodicenne alle prese con la sua prima cotta.

Sento qualcosa sbattere al piano di sotto e poi una voce femminile imprecare (la mamma di Bea?), così penso che sarebbe meglio svegliare Beatrice.

«Bea» la chiamo a bassa voce, a un centimetro dal suo orecchio, scuotendole leggermente un braccio. Lei mugola infastidita, muove un po' la testa e stringe di più la presa sul mio fianco. Poi, però, quando torno a scrollarla dolcemente, apre gli occhi. Mi guarda confusa per un momento, come se si fosse scordata che ho dormito qui insieme a lei, ma subito sembra ricordarsi tutto e mi rivolge un piccolo sorriso stanco.

«Buongiorno» dice, per poi affondare di nuovo la testa sul cuscino.

«Buongiorno anche a te, piccola. Mi dispiace averti svegliata, ma la tua famiglia è già in piedi e ho pensato che fosse meglio svegliare anche te, per non causare problemi…» spiego, accarezzandole piano i capelli.

«Sì, ora scendo giù e controllo» risponde, alzandosi lentamente dal letto e scavalcandomi. Osservo ogni suo movimento e, quando arriva alla porta, le domando: «Ma non mi dai un bacio del buongiorno?» e metto il broncio.

Lei sorride e si avvicina, posandomi un lieve bacio sulla guancia. Poi apre la porta ed esce dalla stanza.

**

BEATRICE'S POV

Esco dalla camera, chiudendomi la porta alle spalle. Mi appoggio al battente sospirando. Mi sembra ancora tutto così incredibile. Forse sto sognando… sì, questo è un sogno! Mi porto una mano al viso e mi tiro un piccolo schiaffo. Niente, fa male, caspita. Qui non c'è nessun sogno. Alberico è davvero venuto a Milano per stare con me.

Avrei voluto riempirlo di baci fino a togliergli quel broncio dalla faccia. Cosa cavolo mi sta succedendo? Negli ultimi mesi sono sempre stata sicura di provare qualcosa per Alberico, qualcosa che andava ben oltre il rapporto tra una fan e una persona famosa. Eppure ho sempre pensato che si trattasse di una forma molto intensa di adorazione, un amore platonico, insomma. Ma da quando l'ho incontrato di persona, la situazione sembra parecchio diversa. Probabilmente lo amo, molto più di quanto abbia mai voluto ammettere, e se penso alla distanza che tornerà a dividerci, alle centinaia di fotografie che vedrò su Twitter di lui con Melissa, di lui con le sue fan, allora capisco che mi sto mettendo in una situazione difficile. Questo sentimento a poco a poco mi consumerà.

Però non so cosa prova lui. Insomma, ieri sera ha fatto una pazzia per me, e abbiamo dormito abbracciati tutta la notte. Eppure non ci siamo baciati. E i ragazzi non si fanno mai tanti problemi, giusto? Quando hanno voglia di baciarti, ti baciano, e basta. Senza girarci intorno. Quindi che cosa c'è davvero tra noi? Soltanto un'amicizia o qualcosa di più? Chissà se lui non se ne rende conto o se sta soltanto cercando di capire che cosa prova per me…

Ripenso alle settimane in cui ho notato che la mia amica Chiara era cambiata. La trovavo intenta a scrivere messaggi con lo smartphone, quasi di nascosto. Non di nascosto dai professori, ma da me. Ha iniziato a truccarsi come una diva e le è apparso sul viso quel sorriso smagliante. In effetti, molto prima che lei mi confessasse di essersi innamorata di Alex, io avevo già capito che c'era un ragazzo dietro ai suoi strani comportamenti. C'era l'amore. Che sia così anche nel mio caso? Forse un giorno, tra molti mesi, io e Alberico ci guarderemo indietro e capiremo che fin dal primo istante, fin dal primo messaggio che ci siamo scambiati, tra noi non è mai esistita alcuna amicizia. C'è stato sempre e soltanto amore.

Una specie di urlo agghiacciante dal piano inferiore mi riporta alla realtà. Mi stacco dalla porta e, camminando con cautela per non farmi sentire, scendo di sotto. Mia mamma intanto lancia un altro urlo. Certo, sono abituata alle sue crisi di nervi quando papà non c'è e lei si ritrova a gestire tutta la casa da sola... ma oggi mi sembra che la situazione sia più grave del solito.

«Mamma, che succede?» dico entrando in cucina, notando che mia madre sta infilando roba nella borsa in fretta e furia, come se ci fosse un uragano in arrivo.

«Buongiorno, tesoro. Nulla, devo andare al lavoro e, indovina un po', ho la macchina rotta. Mi accompagna tuo fratello, sono in un ritardo pazzesco. Il mio turno in ospedale doveva cominciare cinque minuti fa, in teoria. Ora porto Lorenzo dalla zia, okay?»

«Ma non eri già andata dal meccanico?» le domando.

«Sì, ma evidentemente... non lo so, Bea, forse quella macchina ormai è un po' troppo vecchia. Devo prendere io la decisione e portarla a rottamare, anziché stare qui ad aspettare che si distrugga da sé.»

Già, come al solito la mamma sa sempre darmi il consiglio giusto, anche se non se ne rende conto. Devo prendere io la decisione, è tutto lì il punto. Lo pensavo ieri notte, prima di trovarmi Alberico sotto casa. All'improvviso, il suo gesto ha rimescolato le carte in tavola. Allora mi riprometto che, quando se ne andrà, almeno su una questione voglio delle risposte: se anche per lui questa è molto più di un'amicizia, oppure se...

Giovanni scende di corsa le scale, mi saluta ed esce, dicendo a mia madre che la aspetta fuori in macchina.

«Oggi pranziamo dalla zia, tu vuoi venire o hai qualcosa da fare?» mi domanda la mamma, avviandosi verso la porta d'ingresso a passo veloce. Prende in braccio Lorenzo, che si mette a salutarmi con la manina. Quanto è tenero. Quando fa così lo riempirei di baci, sembra un pupazzo. Mi avvicino, gli stampo un bel bacio sulla guancia e sorrido alla mamma, poi stampo un bacio sulla guancia anche a lei.

«Cos'è tutto questo affetto?» mi chiede.

«Così... non ti posso dare un bacio?»

«Certo che sì ma... di solito a quest'ora del mattino non riesci neanche a dire *ciao*.»

«Invece oggi sì.»

«Allora ti aspettiamo dalla zia oppure no?»

«No, non voglio venire… insomma, vorrei riuscire a studiare bene per lunedì e poi… Magari quando ho finito di studiare posso invitare Chiara e Alex qui, che ne dici?» E poi vorrei aggiungere: *Lo sai che si sono fidanzati?* ma le parole mi muoiono in gola. Forse non è importante che la mamma lo sappia. Almeno, non per il momento.

La accompagno fino alla porta e dico: «Non farmi preoccupare, se vi serve una mano con Lorenzo o se Giovanni poi non può venire a prenderti…»

«Bea, non hai ancora la patente.»

«Però fammi sapere se tornate con l'autobus, okay? La strada è più lunga, no? Almeno per non farmi preoccupare.»

«Non farmi preoccupare neanche tu» dice. «E con Alex e Chiara non mandate a fuoco la casa» conclude, dandomi un bacio sulla fronte per poi uscire di casa sbattendo la porta.

Finalmente un po' di quiete. Corro su per le scale, per tornare da Alberico.

«Tutto okay?» dice lui, appoggiandomi una mano sulla schiena per accarezzarmi.

«Sì, torneranno più tardi. Mia mamma ha un turno in ospedale e mio fratello sicuramente non rientrerà prima di stasera.»

«Bene.» La sua schiena tocca il materasso, e il suo braccio mi afferra e, dolcemente, mi trascina giù con lui. Mi ritrovo completamente distesa su di lui. La sua mano inizia ad accarezzarmi la schiena, e chiudo gli occhi beandomi di questo momento magico: è proprio come l'avevo sempre immaginato. Io e Alberico. Soli. Insieme e soli. Senza fan intorno. Senza genitori. Senza fratelli né amici. Lui è qui ed è tutto per me. Restiamo abbracciati per una quantità di tempo che mi sembra infinita. Se esiste il Paradiso, deve assomigliare molto a questo momento. Ogni tanto alzo la testa per incrociare il suo sguardo, e lui mi sorride, e ogni volta mi sento morire per la felicità. Il suo sorriso è una delle cose più belle che abbia mai visto.

«Sei strana. A cosa stai pensando?» chiede, accarezzandomi piano il viso. Trattengo il fiato quando mi sfiora il labbro inferiore con un dito.

Che sto morendo dalla voglia di baciarti, penso tra me e me.

«Sono solo felice che tu sia qui» mi limito a rispondere.

«Anch'io lo sono, davvero tanto» dice sorridendo e posandomi un bacio tra i capelli.

Non so da dove prendo il coraggio, ma mi sollevo sui gomiti, arrivando all'altezza del suo viso, e gli do un bacio sul mento. Lui chiude gli occhi. Continuo a lasciare una scia di lievi baci lungo la mascella, fino ad arrivare alla sua guancia, su cui strofino leggermente la punta del naso prima di sfiorarla con le labbra. Le mani di Alberico strette sui miei fianchi mi incitano a proseguire, e la tentazione di baciarlo come si deve è troppa. Ma poi lo sento sospirare, chiudendo gli occhi, e mi fermo. Non voglio che accada niente che sia dettato dalla fretta. Sento la pelle delle mie guance ardere, e ne deduco che il mio viso stia letteralmente andando a fuoco. Alberico ridacchia e si solleva dal materasso.

«Te l'hanno mai detto che sei tanto carina quando arrossisci?» mi domanda, scostandomi i capelli dal viso.

Quando vedo che si sta pericolosamente avvicinando al mio volto inizio ad andare nel panico. Cosa sta succedendo?

capitolo 14

I nostri visi sono sempre più vicini, così come le nostre labbra. Baciare la sua bellissima bocca è tutto ciò di cui ho bisogno in questo momento. Lui si china lentamente su di me, mentre la mia schiena tocca il materasso. Alberico mi guarda e sorride. Un sorriso sincero, uno dei sorrisi più belli che abbia mai visto. E in questo momento mi sento bene, credo di non aver mai provato nulla del genere. Sembra… un sogno. Sì, sogno è la parola adatta.

Poi succede tutto in un attimo, senza che io riesca a rendermene conto. Le nostre labbra si incontrano, e a quel contatto il mio corpo è inondato dai brividi. Ho immaginato questo istante per troppo tempo, e ora che sta succedendo, non sembra reale. Chiudo gli occhi. È come se le nostre labbra ballassero una danza. Una danza bellissima, di cui solo noi sappiamo i passi. Proprio mentre le nostre lingue si sfiorano, il campanello comincia a suonare insistentemente.

Ma proprio adesso?!

Apro piano gli occhi, e mi ritrovo davanti Alberico che mi guarda con un sorriso divertito.

«Non devi aprire?» mi domanda, staccandosi leggermente da me.

Annuisco, ma prima che io riesca ad alzarmi lui mi lascia un dolce bacio sul collo. Così è piuttosto difficile convincere il mio corpo ad alzarsi da questo letto per andare a vedere chi è... Tuttavia mi faccio forza e mi fiondo sulle scale, per arrivare alla porta il più in fretta possibile. Quando la apro sono leggermente affannata, e mi trovo davanti una delle ultime persone che vorrei vedere in questo momento. Francesco.

«Cosa ci fai qui?» gli chiedo, e solo dopo aver pronunciato queste parole noto che ha in mano una rosa e una specie di... sì, è decisamente un regalo. Un regalo per me. Riconosco il colore giallo di quel pezzo di carta che stringe tra le dita: è il biglietto di un concerto. Il concerto degli One Direction.

«Volevo solo dirti che... avevo preso questo regalo, mesi fa, per il tuo compleanno e... lo so che ieri sera... insomma, quello che ti ho detto è sempre valido ma...» Mi porge la rosa e i biglietti e all'improvviso non capisco più nulla. Ci risiamo: Francesco che torna dal passato e mi manda in confusione. Nei suoi occhi rivedo tutto ciò che c'è stato tra noi: il primo bacio, il primo appuntamento, il sabato sera sempre insieme, l'amore. Ma perché non può semplicemente lasciarmi in pace?

«Tu non puoi... dopo quello che... ho decisamente sbagliato a risponderti ieri sera, Franz. Mi dispiace, mi dispiace davvero» gli sussurro restituendogli i biglietti e la rosa.

Sto per chiudere la porta quando lui mi blocca. «C'è qualcun altro, vero? Quando hai deciso di vedermi ieri, cosa avevi in mente, eh? Volevi prendermi in giro? Ho già sofferto troppo per come è finita tra noi, Bea, se non vuoi il mio amore proviamo almeno a essere amici.»

Credo che, se in questo preciso istante Alberico scendesse e mi trovasse qui, con un ragazzo ancora pazzamente innamorato di me, che mi dedica le canzoni davanti a tutta la scuola e mi porta dei regali fantastici, ecco... Sarebbe proprio la fine di qualsiasi cosa stia iniziando tra noi. Mi assale il panico.

«Non c'è proprio nessuno» rispondo a Francesco, mentre tolgo la sua mano dalla porta e lo spingo indietro. «Ma non è così facile. Certe cose non le dimentico neanche io, Francesco. E sai benissimo cosa c'è nella lista di queste *certe cose*. C'è anche quel bacio. C'è anche Morgana.

Non puoi… non dovevi dedicarmi quella canzone» concludo, e a questo punto mi viene da piangere e per la rabbia gli sbatto la porta in faccia.

Prima di risalire in camera, vado in bagno a lavarmi il viso con l'acqua ghiacciata. Spero che basti per cacciare via i cattivi pensieri.

**

Quando rientro nella stanza noto che Alberico mi guarda perplesso, con un sopracciglio sollevato.

«Tutto okay?» mi domanda, alzandosi dal letto.

«Sì, era… il corriere. C'era un pacco per mio fratello» rispondo, con la prima scusa che riesco a inventare, e mi siedo sul letto.

Tutta la magia che si era creata tra noi sembra svanita nel nulla, e poi è come se Francesco fosse qui in questa stanza, un fantasma che ci assilla e non ci lascia in pace, uno spettro che ci fa mille dispetti per impedire al nostro amore di sbocciare. Dopo un po' di silenzio, Alberico decide di rompere il ghiaccio.

«Allora, me lo fai fare un giro per Milano?» mi chiede, accennando un sorriso.

«Ti andrebbe?» gli domando a mia volta. Lui annuisce e poco dopo decidiamo di prepararci e uscire.

Prendo i vestiti e vado in bagno.

Quando torno in camera, mi blocco sulla soglia.

Alberico se ne sta seduto sul mio letto, senza maglia, gli occhi incollati al cellulare.

«Sto scrivendo a mia madre. Incredibile come, nonostante io giri l'Italia da solo per fare raduni ed eventi, lei continui a preoccuparsi quando sono a casa di un'amica.»

«Sì, in effetti è strano. Ma le madri a volte sono incomprensibili.»

Ci mettiamo a ridere e mi giro per prendere un paio di calze dal comodino. Proprio in quel momento la suoneria di un iPhone si fa spazio nella stanza. Penso sia il mio, ma noto l'espressione scocciata sul volto di Alberico.

Fa una smorfia guardando il display del suo telefono, per poi sbuffare irritato.

«Ehi, ciao. No, sono ancora a Milano. No, certo che no. Non ci penso proprio. Ascolta, papà… lo so, lo so hai ragione ma… senti, mancano ancora due giorni… Certo, tutti gli esercizi. No, ma cosa dici? L'insufficienza l'ho già recuperata. Te lo assicuro. Sei tu che non te lo ricordi. Sei e mezzo. Sì, sei e mezzo. Ma c'è tempo! Partirò domani. No! Cristo. Va bene, ciao» dice arrabbiato, chiudendo la telefonata.

«Vaffanculo» esplode poi con tutta la rabbia che ha in corpo.

Mi avvicino, posandogli le mani sulle spalle e accarezzandogli la schiena. Vedo il suo corpo teso rilassarsi sotto il tocco delle mie dita, sono felice di fargli quest'effetto.

«Vuoi parlarne?» gli domando.

Si gira e mi guarda.

«Mio padre... lui... ha paura che questi giorni in giro siano una distrazione troppo grande dalla scuola... soprattutto quest'anno che ho l'esame di maturità... ma è per questo che ti ho detto che stavo per fare una pazzia, perché mio padre e il mio manager erano d'accordo che sarei rimasto a Torino, dopo ieri sera, e prima di ripartire almeno per oggi avrei studiato. Ma ho studiato in treno e in taxi, mentre venivo qui da te. E studierò al ritorno in aereo. Mio padre lo sa che non lo deluderei mai... eppure a volte i genitori proprio... sembra che non ci vogliano capire, che... che lo facciano apposta. A te non capita mai?»

«Va tutto bene, okay? Non preoccuparti. Godiamoci questo poco tempo che ci rimane. A me capita spesso, con i miei genitori, e non sempre è facile convincerli che mi sto impegnando, che sto facendo tutto il possibile per non deluderli. Prima o poi però lo capiscono, ma sono esseri umani anche loro, certe volte sono più comprensivi, altre meno... almeno, questo è quello che dice mio fratello, e credo proprio che abbia ragione» concludo sorridendo.

Mi sto impegnando al massimo, ma in realtà no, non va tutto bene. Per niente. Io lo voglio qui con me, Alberico, per sempre. Se lui se ne va e non torna, se rivedo Francesco e mi assalgono di nuovo i dubbi, credo davvero che finirò per impazzire. Ma a questo punto godersi il momento è la cosa più giusta da fare.

Prendo le scarpe e le indosso, e lui fa lo stesso. Siamo vestiti quasi uguali, e questa cosa mi fa ridere. Entrambi abbiamo una maglia bianca con la scritta VANS nera, entrambi le Vans nere. Anche lui lo nota e scoppia a ridere.

Scendiamo al piano di sotto, e dopo aver bevuto e mangiato qualcosa, siamo pronti per uscire.

«Io e te non abbiamo nemmeno una foto insieme» dice Alberico, incrociando le braccia al petto. Sorride mentre toglie dalla tasca il cellulare.

«In realtà ne abbiamo due, ma tu non conoscevi nemmeno il mio nome, e un minuto dopo la foto non ti ricordavi più neanche il mio viso» ribatto, mentre lui mi affida il suo telefono. Fa una linguaccia con una faccia divertita e poi, attivando la fotocamera frontale, ci mettiamo in posizione.

Mi sistemo davanti ad Albe, mentre lui mi sposta i capelli da una parte, mi abbraccia e appoggia il mento sulla mia spalla, sorridendo. Piego leggermente la testa e faccio uno dei miei sorrisi più grandi, poi scatto la foto.

«Siamo carini» dice, guardandola, quando gli restituisco il telefono.

Annuisco e gli sorrido.

Poco dopo il mio cellulare inizia a vibrare. Notifiche di Twitter. Apro la prima e sorrido vedendone il contenuto.

albericoyes TI HA TAGGATO IN UNA FOTO

Rimango colpita dalla descrizione.

@Albericoyes: Lost and insecure you found me

Sono i miei versi preferiti di una canzone dei The Fray, e lui lo sa benissimo.

In nemmeno due secondi le mie notifiche si moltiplicano a raffica, tra nuovi seguaci, persone che retwittano, chi si chiede chi sono, se siamo amici, fidanzati. Lui si accorge dell'espressione sul mio viso, abbastanza confusa.

«Ti stanno già intasando il telefono, vero?» mi dice, ridendo. «Mi dispiace solo che dopo questa foto succederà il finimondo» aggiunge, guardandomi dispiaciuto.

Scrollo le spalle e gli sorrido. Non mi importa.

**

Un'ora dopo ci troviamo a camminare per le vie del centro, a girare per negozi. Ci divertiamo un mondo insieme, ridiamo in continuazione. Una giornata fantastica. Spesso Alberico è costretto a fermarsi per fare foto con le fan, e io sono felice. So quanto ci tenga a noi. *Noi*, esatto. Anche io faccio parte di quella categoria, anche se adesso siamo *amici*.

All'ora di pranzo ci fermiamo al primo fast-food disponibile e mangiamo lì, dato che entrambi siamo ossessionati dal cibo spazzatura. Quando si dice: anime gemelle.

capitolo 15

Dopo aver passato tutta la mattina e buona parte del pomeriggio in giro per Milano, è giunto il momento di tornare a casa.

Apro la porta d'ingresso ridendo come una scema, per una stupida battuta che mi ha appena fatto Albe.

«Rido solo perché mi fai pena, sappilo» dico sghignazzando più forte del dovuto.

E lui mi imita.

«Zitta, hai riso tutto il giorno grazie a me» ribatte, e appena mi chiudo la porta alle spalle mi abbraccia.

Ho perso il conto degli abbracci che ci siamo scambiati oggi, perché sono troppi e sono fantastici.

Una voce mi coglie di sorpresa e mi costringe a staccarmi da lui.

Mi giro, trovandomi davanti mia madre che sorride intenerita dalla scena.

«Oh, ehm, ciao mamma.» Sventolo la mano per salutarla.

Alberico, al mio fianco, è abbastanza agitato, tanto che ha iniziato a grattarsi la parte posteriore del collo, e lo fa solo quando è nervoso.

«Salve, signora, sono Alberico» dice poi, tendendole la mano in un gesto che dimostra tutta la sua educazione.

Mia madre esita un attimo prima di stringerla e di sussurrare il suo nome. La vedo abbastanza confusa.

«... Alberico?» chiede, guardando prima me e poi lui.

Sospiro. «Sì, mamma, Alberico.»

La sua confusione viene spazzata via da un bellissimo sorriso. Probabilmente ha capito.

«Alberico!» esclama, per poi tirarlo a sé e abbracciarlo forte.

Ho come l'impressione che per mia madre sia un trauma trovarselo dentro casa, in carne e ossa. Insomma, quello che intendo è che lei, come me, lo ha sempre e soltanto visto attraverso i filmati che le ho mostrato. E poi è l'idolo di sua figlia, sarei rimasta spiazzata anche io al posto suo.

Restiamo un po' a parlare, poi saliamo in camera mia per preparare le sue poche cose per la partenza.

Mi siedo sul letto e osservo Alberico mentre infila tutto nel borsone che ha portato con sé. Si toglie la maglietta e ne indossa un'altra.

Mi alzo e prendo la maglia che ha appoggiato sulla scrivania.

«Posso tenerla?» chiedo, indicandola.

Sorride, per poi annuire.

Almeno mi rimarrà un suo ricordo, qualcosa che ha il suo odore.

Il resto del tempo lo trascorriamo sul mio letto, distesi e abbracciati, sprofondati in un silenzio avvolgente, da cui traspare tutta la nostra complicità. Ho letto su Facebook un articolo secondo cui più le persone stanno bene insieme, più sono capaci di restare in silenzio a lungo quando si trovano in compagnia l'una dell'altra. Le coppie più consolidate riescono a condividere silenzi lunghi anche un'ora, senza che ciò li turbi né li faccia sentire soli o distaccati. Così mi godo questa tranquillità piena di dolcezza. Gli accarezzo i capelli, lui ogni tanto sospira e mi stringe più forte a sé.

Nessuno ha detto una parola. Nessuno di noi due vuole staccarsi. Io non voglio che Alberico se ne vada e neppure lui lo desidera. Ma entrambi sappiamo che *deve* farlo, e il momento sta arrivando. Ci divideremo e solo Dio sa quando riusciremo a rivederci.

Apro la porta di casa, con Albe al mio fianco.

Bene, è giunto il momento. Attraversiamo il vialetto e all'improvviso mi fermo, mentre lui prosegue. Un taxi è già qui ad aspettarlo. Il tassista apre il baule e Alberico ci infila dentro il suo borsone.

D'istinto abbasso lo sguardo sulle mie scarpe, che all'improvviso sono diventate interessanti come se le vedessi per la prima volta. Mi pizzicano gli occhi e mi si appanna la vista.

Vedo Alberico avvicinarsi.

Mi prende il polso e mi accarezza piano la mano.

«Ehi, non mi dici nulla?» chiede, con un filo di voce.

Se non fossi così vicina a lui, probabilmente non l'avrei sentito.

Scuoto la testa, girandomi dall'altro lato.

Non voglio che mi veda in queste condizioni, che mi veda piangere ancora una volta.

«Va bene...» sospira, lasciando la mia mano e dirigendosi verso l'auto. Se ne sta andando, mi sta lasciando. Non posso non salutarlo.

Mi giro verso di lui, che sta già salendo in macchina. «Albe, aspetta!» urlo.

Lui si volta di scatto e mi lancia un'occhiata a metà tra il perplesso e l'addolorato.

Prendo una piccola rincorsa e gli vado incontro, per poi finire direttamente tra le sue braccia. E lì, tra le sue braccia, mi sfogo. Mentre appoggio la testa sulla sua spalla inizio a singhiozzare.

Lo stringo fortissimo a me, e lui fa la stessa cosa. Mi accarezza i capelli con una mano e la schiena con l'altra.

«Piccola...» sussurra al mio orecchio. «Ci rincontreremo, okay? Ci vedremo ancora, a costo di tutto. Non piangere, ti prego.»

Annuisco, mentre lo stringo un'ultima volta a me.

Mi stacco dall'abbraccio e lo guardo negli occhi, lucidi e rossi. Mi accarezza la guancia con un pollice, mentre sorride.

«Devo fare una cosa prima di andare e, ti prego, non fermarmi.»

Cosa vuole fare ora?

La sua mano libera finisce dietro la mia schiena, e mi tira a sé, fino a far combaciare i nostri corpi. Con l'altra continua ad accarezzarmi la guancia bagnata dalle lacrime. Vedo il suo sguardo che si sposta dai miei occhi alle mie labbra e viceversa.

Inizio ad andare a fuoco, il mio stomaco fa le capriole e quella strana sensazione nel mio petto sta crescendo sempre di più.

Baciami, penso. *Baciami e resta qui.*

Ogni minima particella del mio corpo in questo momento ha bisogno delle sue labbra.

E i miei desideri vengono esauditi poco dopo.

Alberico abbassa la testa, fino a quando le nostre bocche non si incontrano ancora una volta.

È un piccolo e innocente bacio, ma per me è molto di più. Questo bacio è vita.

Alberico si stacca da me, mi abbraccia un'ultima volta, poi si infila nell'auto e parte.

Resto lì ferma a guardare mentre il taxi si allontana, mentre il taxi lo porta via da me, portandosi via anche una parte del mio cuore e della mia anima, fino a quando non sparisce del tutto.

Rientro in casa con gli occhi lucidi. Sono sicura che a momenti scoppierò di nuovo a piangere, ma faccio appello a tutte le mie forze per essere inamovibile, mi impongo di trattenere queste lacrime amare perché ho paura che, se le lasciassi libere di uscire, potrei non smettere più.

Trovo mia mamma sul divano. Mi fa segno di avvicinarmi, mi siedo lì accanto e aspetto che sia lei la prima a parlare.

«State insieme? Perché non me ne hai mai parlato?» mi domanda, accennando un sorriso.

«Mamma, non stiamo insieme. Siamo solo amici. Amici a distanza.» Scuoto la testa.

A distanza. *Distanza.*

«Ah, sì? Ho capito» ribatte in un tono che sembra dire *Non ci credo.*

«Amici, sì» la rassicuro ancora una volta, e so che sto cercando di convincere per prima me stessa. Come se fosse un'equazione, una di quelle di chimica. Amore = vicinanza. Distanza = amicizia. Non ho forse detto che non sono fatta per le storie a distanza? Mi sembra quasi di scrivere la formula alla lavagna durante un'interrogazione. $E = mc^2$. Distanza = $amici^2$. Solo questo siamo. Amici alla seconda.

La voce di mia madre interrompe il filo dei miei pensieri: «E da quando gli amici si baciano?» domanda a bassa voce, accarezzandomi una guancia.

A queste parole ho una specie di sussulto, e lei continua senza darmi il tempo di rispondere.

«Non sono stupida. Ho visto il modo in cui ti guardava prima, il modo in cui ti ha abbracciata, il modo in cui ti sorrideva e, soprattutto, il modo in cui ti ha baciata. Il bacio è stato piccolo, ma significativo, e si vedeva» commenta.

«Ma insomma... ci hai spiato?»

«Eravate proprio lì, sai, di fronte alla finestra... Allora, non mi hai ancora risposto: da quando gli amici si baciano?»

Ci ho pensato anche io.

Ho amici maschi, ma con nessuno di loro ho fatto ciò che ho fatto con Alberico.

Con nessuno di loro ho mai dormito tutta la notte abbracciata, nessuno di loro mi ha mai baciata, con nessuno di loro mi sono mai tenuta per mano camminando per le strade nel bel mezzo della notte e, soprattutto, nessuno di loro ha mai preso un treno e un taxi solo per venire da me e abbracciarmi. Gli amici fanno questo?

Sono così confusa. Probabilmente mi sto solo illudendo.

«Mamma, come si fa a capire... ti è mai capitato di stare benissimo con una persona, anche se non ne hai ancora del tutto dimenticata un'altra?»

«Ti riferisci a Francesco? Credevo che fossi arrabbiata con lui. Che non lo volessi più vedere.»

«Infatti era così, ma poi... l'ho incontrato per caso a una festa e... mi ha detto che non mi aveva ancora dimenticata, e mi ha fatto trovare una rosa a scuola, e l'altra notte... cioè, l'altro giorno, ci siamo visti e ci siamo baciati. La verità è che ci sono giorni in cui quello che mi ha fatto non conta nulla, conta solo quando eravamo felici.»

«Alberico lo sa?»

«No, non lo sa. Non gliene ho parlato e poi... ti giuro che ero convinta che questa fosse solo una bellissima amicizia.»

«Nella vita le risposte non sono sempre chiare al primo tentativo. Devi darti il tempo per capire, capire se con Francesco stai soltanto cercando di rivivere un passato che in realtà non si può ripetere, e se forse lo stai usando come una scusa per non ammettere che...»

Si ferma, sospira e mi prende per mano.

«Non ammettere cosa?» le domando.

«Che l'amore che stai cercando lo vorresti vivere con Alberico.»

«Ma se ti ho detto che per me era… all'inizio era solo una cosa platonica, te lo giuro. Non è che…»

«Lo so, Bea. Ma i sentimenti cambiano.»

Una domanda mi balena nella mente.

Alberico bacia tutte le sue amiche nel modo in cui ha baciato me? Come faccio a essere sicura che lui sia sincero e che non mi stia semplicemente usando? Lì per lì, mentre eravamo abbracciati, non avevo alcun dubbio, ma ora che è andato via temo che la sensazione di vivere in un sogno sia dovuta a questo. Sembra un sogno perché le cose non sono come sembrano. Forse per Alberico tutto questo non conta niente.

La mia vita è un continuo punto interrogativo.

Non mi va più di parlare con nessuno, quindi saluto la mamma e mi chiudo in camera a piangermi addosso. Tutto questo non è reale.

Un messaggio mi riscuote dai miei pensieri. Prendo il telefono e i miei occhi si inumidiscono ancora una volta nel vedere il suo nome.

Albe: Principessa, mi manchi già

capitolo 16

ALBERICO'S POV

Sono appena partito da casa di Beatrice. Non posso crederci, eppure eccomi qui, il taxi avanza nel traffico e mi porta lontano da lei. Dio. L'ho baciata due volte in una giornata, non avrei dovuto farlo. Probabilmente ora sarà molto confusa, e io mi sento in colpa. Ma mi sento anche così felice di averlo fatto. Quei baci sono soltanto il simbolo di ciò che provavo in quel momento, di ciò che provo ancora…

Non avrei voluto lasciarla, avrei preferito restare con lei, per sempre. Ma, purtroppo, tutte le cose belle finiscono.

Sono stato così bene con lei in questi giorni, così bene che ho dimenticato tutto il resto. Contava solo lei. Noi.

Ripenso a tutto quello che abbiamo fatto; dal momento in cui l'ho vista correre verso di me per la prima volta, pensando che fosse davvero la creatura più bella su questa Terra, a quando l'ho presa in braccio e lei si è aggrappata a me; e poi alla notte scorsa, quando abbiamo dormito abbracciati, a questa mattina, sul suo letto, a quel bacio interrotto, quel bacio che volevo non finisse mai, e a quella sensazione nello stomaco mentre la osservavo sdraiata sotto il mio corpo. Possibile che sia questo l'amore? Ripenso a quanto sono stato bene con lei in giro per Milano, a ridere e scherzare. E infine ripenso a poco fa, a quando lei si è messa a piangere, alla voglia di rimanere abbracciati per sempre, al modo in cui mi ha stretto a sé, ai miei occhi lucidi e poi a quel piccolo bacio che desideravo con tutto me stesso. Un piccolo e dolce bacio che ha scombussolato tutto dentro di me.

Quella ragazza è fantastica, riesce a farmi stare bene anche solo con un sorriso. Non c'è nulla di più bello.

E io credo di iniziare a provare qualcosa per lei, qualcosa che va ben oltre una semplice amicizia. E questo mi spaventa in un modo incredibile.

Inizio ad amarla, ma ho paura.

Tutti sanno che l'amore è una cosa bellissima, ma allo stesso tempo ti fa stare male come non mai.

Soprattutto se di mezzo c'è la distanza.

Prendo il cellulare dalla tasca e le scrivo un messaggio. Ho bisogno di sentirla.

Me: Principessa, mi manchi già

Bea: Mi manchi tantissimo anche tu,
sento di non potercela fare,
è davvero troppo da sopportare

Me: Ehi, noi ce la faremo. La distanza
non può vincere contro di noi, capito?

Bea: Fosse facile...

Me: Pensa alla frase che hai scritto
sotto la nostra foto. *Non so dove sei, ma sono con te.*
Anche se non sono lì fisicamente, ci sono con il cuore

Bea: Albe....

Me: Piccola sono arrivato in aeroporto
e tra poco devo prendere il volo, ci sentiamo più tardi.
Ti voglio bene

Ti voglio bene. Ma dai, chi voglio prendere in giro? Ormai è chiaro che c'è qualcosa di molto più forte tra noi, e sono quasi sicuro del fatto che lei mi ricambi.

Quasi.

Prendo l'aereo, direzione Roma. La prima cosa che faccio una volta arrivato in hotel è una lunghissima doccia. Si sa, le docce portano consiglio. Ma dentro di me in questo momento c'è solo un enorme e profondo vuoto.

Resto immobile sotto il getto dell'acqua calda per un tempo che sembra un'infinità, mentre le gocce scivolano lungo il mio corpo e sul viso, togliendomi quasi il respiro.

Mi manca. Sono completamente distrutto, sia fisicamente che moralmente.

**

Cerco di dormire, ma la suoneria del telefono mi fa sobbalzare e per poco non mi viene un infarto. Chi è che mi disturba?

Attivo lo schermo e vedo che si tratta di Michele.

Sbuffo prima di posare il dito sulla cornetta verde e trascinarla verso sinistra.

«Ehi, Albescemo, vai a farti una vacanza a Milano e non mi dici niente? Non conto più nulla per te, eh?» mi domanda a bruciapelo.

Sorrido tra me e me e appoggio la testa sul cuscino, ho seriamente bisogno di farmi una bella dormita e non ho molta voglia di starmene al telefono a parlare con Michele in questo momento.

«Presumo che tu sappia dove sono andato di preciso.»

«Sei stato da Bea, lo so. Ho visto le foto che vi hanno fatto le fan in giro per Milano e anche quella che hai pubblicato su Twitter. Non è stata una decisione saggia. Su Twitter e Facebook non si parla d'altro da stamattina. Ah, bella la descrizione. Potevi almeno evitare di taggarla, così ti saresti risparmiato un bel po' di critiche.»

Ridacchio e per un attimo penso al momento in cui abbiamo scattato quella foto. *Babs, quanto mi manchi.*

«Oddio, tu non capisci che ora non avrà più una vita sociale per colpa tua!» continua Michele.

«Non la pensavo in questi termini…» rispondo.

«Comunque, cosa avete fatto?» mi domanda e, nonostante non possa vederlo in faccia, so perfettamente che ha un sorrisetto malizioso stampato sul volto.

«Niente di quello che pensi tu» dico ridendo.

Ride anche lui.

«Allora, scusa, siete due deficienti! Un giorno e una notte insieme e non è successo niente? Cosa siete, due monaci?» mi provoca, e fa ridere ancora una volta anche me. Sempre il solito.

«Non è che non è successo proprio niente…» dico, ripensando al momento in cui ci stavamo baciando.

«Raccontami tutto, amico!»

«Senti, no… sono cose tra me e lei, e basta.»

«*Cose tra me e lei?* Oh, ti piace davvero molto, allora.»

Restiamo a parlare delle peggiori cavolate del mondo; la maggior parte del tempo con Michele solo di questo si può parlare. Dopo aver riso e scherzato, chiudiamo la telefonata e finalmente riesco a prendere sonno.

Sogno dei capelli biondi e degli occhi azzurri.

**

BEATRICE'S POV

Il giorno seguente, neanche avessero il dono della telepatia, mi telefonano uno dopo l'altro prima Chiara, poi Alex. Tutti e due hanno bisogno di vedermi con la massima urgenza, come se si stesse avvicinando la fine del mondo stile film di Hollywood, con gli alieni che vogliono cancellare dal pianeta l'intero genere umano. Mi metto d'accordo con Chiara per pranzare insieme in un fast-food, il "nostro" fast-food, quello dove andiamo dopo la scuola una volta a settimana; ad Alex invece do appuntamento in centro per le cinque.

Sono sicura che hanno litigato e adesso, oltre ad avere il cuore spezzato per la partenza di Alberico, e dopo le parole di Francesco quando ci siamo salutati, dovrò anche ascoltare i loro problemi di coppia. Lo sapevo che prima o poi sarebbe capitato. E mi domando: se mi chiedessero di scegliere, se mi ritrovassi nella situazione in cui uno di loro ha torto e l'altro ragione, come farei a decidere da che parte stare? Loro per me sono e saranno sempre i miei migliori amici. Non vorrei dover scegliere. Sarebbe troppo difficile. Troppo doloroso.

Convinco la mamma a lasciarmi andare fuori a pranzo anche se avevamo deciso che l'avrei accompagnata a fare la spesa, soprattutto perché non c'è papà. Per fortuna Giovanni non è ancora ripartito per il Molise, anzi si sta preparando perché la prossima settimana sarà la sua ragazza a venire a farci visita, e lui vuole regalarle il soggiorno perfetto: ha chiesto alla mamma un menu particolare, per farle assaggiare tutto il meglio della cucina di casa. Mia mamma è bravissima a cucinare e in questo devo dire che non ho affatto preso da lei. Preferisco cento volte un hamburger con le patatine fritte al risotto alla milanese. Comunque, anche per questo ho detto alla mamma che Chiara mi ha invitato a pranzo a casa sua: è una piccola bugia, ma dopo la nostra conversazione sull'amore, non vorrei farla preoccupare. Se mi pensa a casa di Chiara, starà più tranquilla.

**

Sto bevendo gli ultimi sorsi di aranciata dalla cannuccia; un misto di bollicine, bibita e aria mi gonfia le guance e dal fondo del bicchiere, all'altro capo del tubicino di plastica, escono dei suoni che farebbero invidia al trombettista di un'orchestra. Continuo a suonare questa tromba immaginaria rivolta verso Chiara e all'improvviso scoppiamo a ridere. Che meraviglia, avevo davvero bisogno di stare un po' con la mia migliore amica e distrarmi. Dimenticare tutto e tutti. E poi, per fortuna non c'è nessuna crisi di coppia in corso, anzi...

«Ma sei sicura che gli piacerà, insomma... non è un regalo un po' scontato?» mi domanda Chiara.

«State insieme da due mesi, è un mesiversario importante ma non è che lo devi portare a New York!» le rispondo addentando alcune patatine fritte che lei non ha mangiato. Tra noi va sempre così, lei ordina le porzioni maxi, poi si sente piena e io la aiuto a finirle. Alle volte ho l'impressione che Chiara prenda le porzioni maxi volutamente, per lasciarmi le sue patatine da condividere, uno dei tanti gesti che contraddistinguono la nostra amicizia.

Ho anche il dubbio che sia la preoccupazione per il regalo da fare ad Alex ad averle chiuso lo stomaco più del solito.

«Ma metti che lui... che ne so, insomma... mi ha detto che voleva portarmi a Londra: e se lo facesse davvero? Arrivo io con la felpa della Vans, e ci faccio una figura che...»

«Chiara, l'importante dei regali è farli con il cuore, lo sai, no? Come si dice, è il pensiero che conta.»

«Mia nonna dice sempre che è il pensiero che conta, ma che i soldi contano di più.»

Mentre parliamo, il mio smartphone continua a vibrare sul vassoio. Una sfilza di notifiche di Twitter. Sono tutte ragazze che si congratulano con me e mi fanno i complimenti per la foto con Alberico. Molte però sono anche notifiche di messaggi pieni di insulti.

«Cosa sta succedendo?» mi domanda Chiara, indicando il telefono.

«Be'... secondo te le fan di Alberico sono felici che lui mi sia venuto a trovare a Milano, e mi abbia taggata in una foto?»

«Perché, scusami, soltanto perché è famoso non può avere delle nuove amiche?»

«Lo so, ma vallo a spiegare a tutta questa gente.»

Stanca di sentire il telefono vibrare in continuazione, decido di spegnerlo per un po'.

Ci alziamo e riponiamo i vassoi sul portavassoi, dopo averli svuotati dei resti del pranzo.

«Allora, vuoi cominciare dal lato di Piazzale Loreto o da Porta Venezia?» domando a Chiara. In sostanza, mi ha chiesto di accompagnarla in Corso Buenos Aires, la via dello shopping, per aiutarla a scegliere il regalo più adatto per il suo secondo mesiversario con Alex. Stasera lui la porterà a cena in un ristorante molto romantico e trovo incredibile che Chiara sia più in ansia riguardo al regalo che riguardo al suo outfit.

«Sai quale sarebbe il regalo migliore?» le dico poi.

«Sentiamo.»

«Arrivare da lui con un vestito mozzafiato, per esempio!»

«Ho già il mio ombretto da diva.»

«Allora abbinaci un vestito adatto.»

«Ma non mi serve un vestito, mi serve un regalo per Alex!»

«Sono sicura che riusciremo a trovarli entrambi.»

Così dicendo, la prendo sottobraccio e insieme ci avviamo verso la fermata della metropolitana. Incrociamo un gruppo di ragazze che non avevo mai visto prima; una di loro mi indica e le sento ridacchiare tutte insieme, come se... possibile che... ma no, staranno parlando di qualche ragazzo. Spero che sia così. Spero che non mi abbiano riconosciuta.

**

La prima cosa che vedo uscita dalla metropolitana a San Babila è il braccio di Alex che si agita per attirare la mia attenzione in mezzo alla calca. Ho detto a Chiara che dovevo raggiungere mia madre per darle una mano con la spesa, e sono così riuscita a sgattaiolare via dopo averle fatto comprare un regalo meraviglioso per Alex (un nuovo videogioco che era in offerta con il cinquanta per cento di sconto: so che Alex gradirà e lei non si pentirà della scelta) e un vestito stupendo, tutto nero con le mezze maniche trasparenti, a cui abbinare un paio di orecchini grandi e argentati. Un outfit da vera diva.

Prima ancora che Alex mi spieghi il motivo per cui ha insistito tanto per incontrarmi senza Chiara, già me lo immagino: anche lui vuole un aiuto per scegliere il regalo per il mesiversario.

Invece rimango delusa.

Mi prende sottobraccio e dopo pochi passi, quando gli propongo di entrare in un negozio, mi spinge invece fino al primo bar, dove ci sediamo a bere una Coca-Cola ghiacciata.

La faccenda è seria e anche molto misteriosa.

«Allora?» gli domando.

«Allora, Bea…» mi dice lui «vuoi spiegarmi cosa stai combinando con Francesco?»

La domanda mi colpisce come un fulmine a ciel sereno. Cosa ne sa lui di Francesco?

«Io… tu cosa…» inizio a balbettare.

«C'ero anch'io a quella festa… e c'ero anch'io al concerto della scuola. E in questi mesi non ti ho mai detto niente, ma ogni volta che lo incontro agli allenamenti di basket Francesco non fa che chiedermi di te. Siamo anche andati a berci una birra un paio di volte, perché aveva bisogno di parlare, e io ero l'unico che potesse capire la sua situazione, visto che ti conosco da così tanti anni.»

«Mi stai dicendo che siete diventati amici... tu sei... perché non me ne hai mai parlato, Alex? Perché solo adesso?»

«Non pensavo fosse importante... voglio dire che la tua felicità viene prima di ogni altra cosa, perché sei la mia migliore amica, Bea. Voglio vederti serena, e nessuno come me sa quanto hai sofferto per colpa di Francesco.»

«Sembra che tu ne sappia molto più di me sulla mia storia con Francesco» rispondo sarcastica.

«So che ti sei sentita confusa... tradita... e che ti sei sentita sola. E ho paura che quello che è successo tra me e Chiara, in qualche modo, ti abbia fatto sentire molto più sola. A me era successo così quando tu ti eri messa con Francesco. Perché all'improvviso tutto era diverso, all'improvviso intorno a me vedevo che tutti si fidanzavano, mentre io non trovavo la ragazza giusta.»

«Non è così semplice... e di sicuro non mi sono sentita sola per questo motivo, Alex.»

«Però ti senti sola alle volte, o sbaglio?»

«Il fatto è che da quando c'è Alberico nella mia vita...»

«Da quando c'è Alberico nella tua vita?! Scusami, ma dov'è questo Alberico? Io non lo vedo, nella tua vita; sento solo le vibrazioni dello smartphone e il suono delle notifiche quando ti scrive il mercoledì sera mentre stai guardando *Pretty Little Liars* con noi.»

«E allora?»

«Allora, non vorrei che... che tu ti facessi delle illusioni, sai. Lui è famoso, appartenete a due mondi diversi, vivete così lontani l'uno dall'altra... come puoi dire che c'è Alberico nella tua vita?»

«Anche Giovanni ha una fidanzata che vive lontano.»

«Ma è diverso, l'ha conosciuta in vacanza, si sono innamorati...»

«Vuoi dire che Alberico non si può innamorare di me soltanto perché non sono famosa come lui?»

«No, non sto dicendo questo, ma ammetterai che è una situazione molto difficile.»

«Grazie dell'incoraggiamento, Alex. Proprio quello di cui avevo bisogno» gli dico. Tiro fuori i tre euro della Coca-Cola e glieli metto sul tavolo. Poi mi alzo e lo saluto. «Soltanto perché tu hai trovato l'amore a portata di mano, non vuol dire che dobbiamo fare tutti lo stesso» gli grido prima di andarmene.

Poi me ne ritorno a grandi passi verso la metropolitana. Scendo i gradini di corsa, timbro il biglietto e mi fiondo sul primo treno che passa. Sono così arrabbiata che impiego quattro fermate per rendermi conto che sto andando nella direzione opposta a quella per arrivare a casa.

capitolo 17

È passata una settimana da quando Alberico è partito, e le giornate sono diventate tutte uguali: scuola, serie TV, uscite con gli amici, giri in centro, film, fast-food, e zero voglia di studiare.

Il fatto è che Alberico mi manca più di qualsiasi altra cosa e io mi sento davvero lacerata dentro. Ho riflettuto a lungo in questi giorni sulle parole di mia madre, e su ciò che mi ha raccontato Alex, e ho capito che la confusione nel mio cuore non è mai stata tanto grande. Davvero non so cosa sto facendo. Sarà che questa primavera è particolarmente calda e l'aria afosa di Milano mi rende sempre più stanca, mi dà la sensazione di essere in trappola. Già, ma qual è la vera trappola? Ripensare al passato o immaginare un futuro – sempre più improbabile – con Alberico? Le domande nella mia testa si sono moltiplicate, un giorno dopo l'altro, e anche per questo è diventato quasi impossibile studiare. Purtroppo, non è il momento migliore per sentirsi così.

Dopo aver fatto una doccia per rinfrescarmi, prendo il cellulare e come al solito entro su Twitter. Per fortuna Alberico ha tolto il tag dalla foto, e la serie di messaggi e insulti che avevo iniziato a ricevere è diminuita all'improvviso. Oltretutto, in quest'ultima settimana Alberico è stato molto meno attivo del solito, probabilmente era occupato o stanco. Ma, nonostante tutto, è sempre riuscito a trovare un po' di tempo per me. Qualche messaggio, una telefonata o Skype: in un modo o nell'altro mi ha fatto sentire la sua presenza, sempre e comunque.

Un tweet di una ragazza attira la mia attenzione e mi incuriosisce. Dice esattamente:

Ma Alberico è fidanzato? Con la ragazza bionda o con quella Melissa? Non ci capisco più nulla! Sta di fatto che sono gelosa.

Melissa, ancora lei? Cos'altro è successo, adesso? Scorrendo la mia timeline trovo una sfilza di fotografie di Alberico e Melissa. Ancora insieme. Le foto sono simili a quelle della scorsa volta e per un secondo mi sembra di essere tornata a quella sera.

I loro volti sorridenti, le mani di lei che sfiorano quelle di lui. Sento il cuore scoppiare. *Leva le tue luride mani da Alberico!* urlo dentro di me.

E ancora una volta mi domando se non abbia effettivamente ragione Alex. Forse il mio pensiero è tornato tanto spesso a Francesco proprio perché non ho voluto ammettere di essere così presa da Alberico, e soprattutto... così presa da una situazione praticamente impossibile. Come può farmi questo, perché queste fotografie? A parole mi dice che per lui sono la cosa più importante al mondo, fa le pazzie pur di riuscire a incontrarmi di persona, e alla fine... Melissa.

Lui ha detto che è solo un'amica, ma non gli è bastato ferirmi una volta? Il dolore che sto provando in questo momento è profondissimo, lancinante: credo che nessuno riuscirebbe a capirmi.

A questo punto mi viene da pensare che mi sono soltanto illusa, che *lui mi ha illusa.* Per lui tutti quei baci e quegli abbracci non hanno significato niente? E il modo in cui mi accarezzava? Davvero tutto questo per Albe non ha avuto nessuna importanza? Chissà, magari già altre volte è corso via da un evento per andare a conoscere una fan. Se, come ci siamo detti spesso, anche lui cerca il vero amore... come fa a non capire quanto è speciale e unico quello che c'è tra noi? Come fa a non capire che queste foto con Melissa mi fanno male?

Potrei giurare di aver sentito il mio cuore spezzarsi.

Dio, che schifo essere innamorati.

Non troverò mai la persona giusta, mai. Solo ragazzi sbagliati. Tanto mi era sembrato puro e immortale il nostro legame mentre eravamo insieme, quanto in questo preciso istante ho l'impressione che si sia trattato solamente di una bellissima bugia.

Il mio telefono vibra e visualizzo il messaggio. Sarà ancora un insulto, oppure un'altra notifica di un tweet di Alberico insieme a Melissa? Basta, non ne posso più. Afferro il cellulare e scopro che invece è un messaggio di WhatsApp. Un messaggio di Alberico.

Albe: Beaaaa

Me: Ciao

Albe: Come stai?

Me: Bene

Albe: ... tutto bene?

Me: Ho detto che sto bene

Albe: Sei strana, smettila di mentire, ti conosco
Quindi puoi farmi il piacere di dirmi cosa succede?

Me: Ho detto che va tutto bene.
Smettila. Non insistere

Albe: Questa è la dimostrazione
che non va tutto bene. Tu non mi risponderesti
mai in questo modo

Me: Ora basta. *Bea non fa quello, Bea non fa quell'altro*: credi davvero di conoscermi così bene?

Albe: Mi spieghi perché te la prendi con me?

Me: Perché non mi dici di te e Melissa e la finiamo qui?

Albe: Non ti sarai arrabbiata di nuovo per questa storia, spero!

Me: E invece sì. Perché mi hai usata in questo modo?

Albe: Dimmi che non stai parlando sul serio, ti prego. Io usare te? E per quale motivo? Dimmelo. Non lo farei mai, sai quanto ci tengo a te

Me: Sai una bella cosa? Vaffanculo

Esco dalla conversazione e blocco lo schermo. Gli ho scritto quelle parole e lui non ha negato, non mi ha rassicurata, niente. Soltanto risposte sbagliate. Perché non posso trovare un amore tranquillo e felice, anch'io, come Alex e Chiara?

Mi arriva un altro messaggio di Alberico, ma non lo leggo nemmeno. In un momento di ira, accecata dalla rabbia, cancello tutte le nostre conversazioni. Ne ho avuto abbastanza.

Sprofondo nella depressione più totale, e rimango così nella mia stanza, con il cuore spezzato, fino a quando qualcuno bussa alla porta.

Mormoro un poco convinto «avanti» e poco dopo entra Chiara, con un bellissimo sorriso. Indossa anche un bellissimo vestito. Da quando in qua si mette così in tiro solo per venire a casa mia?

«Bea!» dice avvicinandosi, e poi mi abbraccia forte.

«Ehi. A cosa devo questa visita? E dove devi andare con un vestito così corto?» le domando, tentando a mia volta di sorridere.

«Dove *dobbiamo* andare, semmai. Sono venuta a prenderti: ci aspetta una notte all'Oilà. Bello, eh? Ci sarà un sacco di gente!»

È completamente fuori di testa. L'Oilà è una grande discoteca e io non ho alcuna voglia di muovermi dalla mia camera. «Sei pazza? E poi dovrei chiedere a mia madre...» Cerco di completare la frase, ma lei mi interrompe subito.

«Ci ho già pensato io, e tua madre ha detto di sì. Quindi ora non hai scuse, *devi* venire. E so anche che è successo qualcosa... con Alberico, scommetto. Hai gli occhi rossi e si vede che hai pianto, ma non ti chiederò nulla. Sappi solo che quando vuoi parlarne io ci sono, va bene? E guarda un po': la tua migliore amica è venuta a salvarti al momento giusto, così per un'intera notte non dovrai pensare a lui» conclude, sempre sorridendo.

Mi fiondo su di lei e la abbraccio fortissimo. In fin dei

conti, non è una cattiva idea. Mi aiuterà a distrarmi, anche se soltanto per una serata.

Alle undici e mezza sono pronta. Chiara mi aiuta in tutto, a scegliere i vestiti, le scarpe, con il trucco e i capelli: quando vuole, è un'ottima consigliera.

Indosso un abitino corto. Sopra è a fascia, a righe bianche e nere, mentre da sotto il seno inizia a scendere più morbido ed è nero a tinta unita. Ho sempre adorato questo vestito. Ai piedi porto i miei amati tacchi neri. Mi sono arricciata i capelli in boccoli che ricadono fino a metà schiena. E al trucco ci pensa completamente Chiara. Rossetto rosso fuoco, mascara, matita nera e eyeliner. Mi osservo allo specchio e, per una volta, mi sento bella. Bella per me stessa, e nessun'altro. Una sensazione splendida.

A mezzanotte e mezza siamo già dentro la discoteca, dove ci aspettano Alex e altri nostri amici.

Non esito un attimo a prendere qualche bicchiere a caso e bere tutto in un sorso. Ma poi mi fermo.

Certo, è vero, ho bisogno di dimenticare. Ma più passano i minuti, più penso a lui, e più iniziano a farsi spazio i miei sensi di colpa. Non gli ho lasciato il tempo di spiegare. E poi perché mi arrabbio tanto per Melissa, quando poche ore prima che ci incontrassimo di persona io avevo appena baciato Francesco, e non gliel'ho mai raccontato?

Oh, fanculo all'alcol! Invece di aiutarmi a dimenticarlo

almeno per una notte sta solo peggiorando la situazione. Metto giù un bicchiere di gin tonic ancora pieno, che mi ha passato Chiara, e chiedo ad Alex le chiavi della sua automobile. Chiara si offre di accompagnarmi, ma le rispondo che non ce n'è bisogno. Tornerò nel parcheggio e resterò seduta in macchina fino a quando non me la sentirò davvero di divertirmi, senza ubriacarmi, senza finzioni. Chi è Alberico per farmi tutto questo? E chi sono io per Alberico?

All'uscita mi timbrano la mano e mi ritrovo nel parcheggio. Vago tra le automobili, alla ricerca della macchina di Alex, e quando finalmente la trovo mi siedo dal lato del passeggero, bloccando la serratura dall'interno per sentirmi più sicura. La tentazione di chiamare Alberico per confessargli tutti i miei dubbi e fare chiarezza è fortissima, ma mi trattengo. Scorro il mio account di Instagram a ritroso, fino a ritrovare le fotografie con Francesco, e lascio che i ricordi mi portino indietro nel tempo, fino alla prima volta in cui ci siamo incontrati.

**

La biblioteca del mio quartiere si affaccia sul parco e, quando ho iniziato il secondo anno delle superiori, è lì che me ne andavo a studiare. A casa c'erano troppe discussioni tra i miei genitori e Giovanni, perché lui voleva andare a trovare la sua ragazza in Molise e all'inizio i miei non erano mai d'accordo su come gestire la questione. Si scatenavano in mille discorsi pieni di dubbi e di ansia, e in più il mio fratellino minore stava mettendo i denti, e piangeva come un disperato. Un pianto che mi trapanava le orecchie. In biblioteca invece c'era il silenzio più assoluto.

Spesso andavo a studiare con Chiara, avevamo la nostra saletta di fiducia, la sala per i bambini. Si riempiva soltanto raramente e così avevamo tutto lo spazio per spettegolare dei nostri compagni di classe, lontano da orecchie indiscrete.

Un pomeriggio, però, la porta della sala si è aperta di colpo ed è entrato Francesco. Bellissimo, sorridente, con lo zaino in spalla e un cappellino da baseball in testa.

«Scusate» ci ha detto «cercavo i bagni.»

Siamo scoppiati a ridere e ci siamo guardati, occhi negli occhi, più a lungo del dovuto.

«Tu vai al liceo classico, vero? Sei in seconda» mi ha detto allora Francesco.

«Sì, come fai a saperlo?» gli ho risposto.

«Perché ti ho vista, a scuola. Anche io sono in seconda.»

«Non mi pare di averti mai incrociato.»

«Mi sono appena trasferito.»

Ci siamo guardati ancora per un lungo istante, e per rompere quel momento da soap-opera Chiara all'improvviso gli ha detto: «Se cerchi il bagno è l'altra porta, dopo il poster con la mappa della biblioteca».

«Grazie» ha risposto Francesco, sorridendole. Poi mi ha guardata per l'ultima volta, ha sorriso anche a me e ha detto: «Ci vediamo».

Un attimo dopo che era uscito, Chiara mi ha tirato una mezza gomitata, chiedendomi cosa fosse appena accaduto.

«Non lo so» è stata la mia risposta.

Non me ne ero resa conto, lì per lì, ma mi ero appena innamorata.

**

Un suono di voci insistenti, quasi disperate.

Un battere di mani sul vetro, sul metallo.

Il suono di... di qualcuno che tenta di aprire una portiera senza riuscirci.

Mi sono come risvegliata.

Chiara e Alex sono fuori dall'auto.

Certo, mi sono chiusa dentro. Non possono entrare. Apro le portiere e scendo.

«Tutto bene?» mi domanda Chiara.

«Benissimo» le rispondo. «Avevo soltanto bisogno di un attimo di riposo. Forza» aggiungo, restituendo le chiavi della macchina ad Alex, «andiamo a ballare.»

capitolo 18

Passo l'intero fine settimana accendendo il cellulare il meno possibile. La ragazza di Giovanni è arrivata da noi sabato mattina ed è a lei, ad accoglierla al meglio, che ci dedichiamo per tutta la giornata. Poi, mi pento di aver cancellato i messaggi di Alberico e li recupero dall'ultimo backup di WhatsApp. Vorrei anche parlargli e spiegargli che è il momento di dirsi tutta la verità, ma ogni volta che provo a chiamarlo trovo il telefono staccato. Magari è con Melissa, no? Ovvio. Dove potrebbe trovarsi, di sabato, se non con lei…

Ho un muso così lungo che, mentre siamo in bagno e mi sta facendo una treccia, mia mamma inizia una specie di interrogatorio.

«Tutto okay, Bea? Cos'è questa faccia?»

«Niente. Va tutto bene.»

«Sicura?»

«Ho discusso con Alberico.»

«Discusso? Per quale motivo?» mi domanda senza smettere di intrecciare le ciocche.

«Continua a postare foto con una… una tizia. Sostiene che sia una sua amica, ma io non gli credo.»

«Lui cosa dice esattamente?»

«Dice che sono soltanto amici, che anche lei è una YouTuber e hanno tante cose in comune, ma che tra loro non c'è niente… però io sono qui, e cosa ne posso sapere…»

«Bea, non tutti i ragazzi sono come Francesco. Devi dargli il beneficio del dubbio, magari è sincero. Magari ti sta dicendo la verità.»

«Lo so ma… io non voglio soffrire di nuovo in quel modo, e non voglio che mi prenda in giro.»

«Per il momento però non puoi fare niente, no? Ne avete parlato?»

«Ha il telefono staccato.»

«Per questo allora hai il broncio?»

«Certo, vorrei riuscire a parlargli e dirgli…»

«Fatti un po' desiderare, Bea. Qualche tattica non guasta, alle volte, in amore» conclude la mamma, prima di arrotolare un elastico in fondo alla treccia e dichiarare finita la nostra sessione di trucco e parrucco.

Riesco a seguire il suo consiglio solo in parte. Per il resto della mattinata controllo ossessivamente Instagram e Twitter, ma Alberico per ora non li ha aggiornati. Alla fine mi stanco e decido di lasciare il telefono a casa mentre usciamo con tutta la famiglia a mangiare una pizza.

Chiara e Alex sanno che ho deciso di prendermi una pausa dal telefono e da Internet, e la domenica pomeriggio la trascorro a studiare per recuperare i compiti in arretrato. Insomma, con qualche sforzo, sono riuscita a seguire il consiglio di mia mamma.

Così mi ritrovo lunedì mattina, nella stradina che va da casa mia alla metropolitana, ad accendere il cellulare. Apro WhatsApp, ma non ho altri messaggi di Alberico. Controllo il suo ultimo accesso: dieci minuti fa. Ho appena il tempo di uscire da WhatsApp quando, un attimo dopo, mi arriva una sua chiamata.

Davvero cercavo di dimenticarlo? Lo sanno tutti che non ci sarei riuscita, mai. E lui è il primo a saperlo.

«Pronto?» bisbiglio, cercando di fingere un tono di voce naturale e rilassato.

«Bea?» dice lui, così freddo che mi fa gelare il sangue nelle vene.

Dev'essere parecchio arrabbiato.

«Dov'eri finita?» mi domanda.

«Ho avuto un problema col telefono» taglio corto, per non dovergli dare grandi spiegazioni.

«Un problema col telefono o un problema con me?»

«Lascia stare e ascoltami, okay? Questa volta so cosa voglio dirti. Ti chiedo solo di ascoltarmi, per favore.»

«Dimmi.»

«Innanzitutto, mi dispiace per le cose che ti ho scritto l'altro pomeriggio, non le penso davvero. Intendo, non avrei mai voluto trattarti in quel modo. Mi dispiace, okay? Non sono arrabbiata con te, lo sono più con me stessa. Solo che... Melissa è perfetta, potrebbe fare la modella. E poi ho pensato a quante belle ragazze ti girano intorno ogni giorno e mi sono sentita uno schifo. Sono gelosa. So che non dovrei esserlo, ma lo sono e non so più come controllarmi. Mi dispiace, Albe, dico davvero.»

Lo sento sospirare dall'altra parte del telefono.

«Odio quando dici queste cose. Vuoi sapere cosa sei tu in confronto a Melissa? Tu sei tutto. Lei, invece, non è nulla per me. Ti ho già detto come stanno realmente le cose. Non ti ho mai usata, Bea. Se ti ho baciata è perché sentivo il bisogno di farlo. Non me ne vado in giro a baciare la prima che passa, e tu lo sai» dice e il suo tono di voce cambia, ora è molto più dolce.

«Mi dispiace di essere così tremendamente gelosa, scusami. È che ci tengo tantissimo a te» rispondo, cercando con tutta me stessa di ricacciare giù le lacrime che mi stanno salendo in gola.

Ci sto riuscendo, per fortuna.

«Avevi proprio bisogno di sparire così e farmi preoccupare per un intero fine settimana, per dirmi queste cose?»

«Sappiamo entrambi che non avrei mai avuto il coraggio di dirti queste cose se... non lo so neanche io, ma questa pausa mi è servita, in qualche modo.»

«Allora, a questo punto, sono contento che tu l'abbia fatto.»

Prendo la mia borsa da terra e mi riavvio verso la fermata della metropolitana. Se non mi sbrigo arriverò in ritardo a scuola, come se non avessi già abbastanza problemi, anche lì.

Rido al telefono con Alberico, ma in quel preciso instante vado a sbattere contro qualcosa. O meglio, qualcuno.

All'improvviso il mio cuore perde un battito e io ammutolisco.

«Bea, che succede? Stai bene?» chiede Alberico, un po' allarmato.

**

La figura contro la quale sono andata a sbattere si ferma e si volta a guardarmi. Francesco è proprio di fronte a me. Dalla mattina in cui si era presentato alla mia porta con la rosa e i biglietti per il concerto non avevo più avuto sue notizie. Mi sta aspettando alla fermata della metro, il sorriso stampato sul volto.

«Buongiorno, principessa» mi dice.

Poi si avvicina, mi posa una mano sul viso e col pollice mi accarezza la guancia.

L'ha fatto anche Alberico prima di partire, e all'improvviso è come se i due ragazzi che hanno rubato il mio cuore si sovrapponessero. Quale carezza preferisco? Non ne sono più così sicura. Le sue mani che mi toccavano mi sono mancate così tanto.

Mi riscuoto dai miei pensieri e mi scosto con un gesto brusco.

Non voglio. Non voglio che Francesco mi accarezzi. Non voglio che entri di nuovo nella mia vita.

«Allora è ufficiale, vi siete fidanzati?» mi chiede con sgarbo.

«Di cosa... di chi stai parlando?»

«Tu e quel tipo di YouTube.»

«No che non siamo fidanzati» dico di colpo. E soltanto in quel momento mi rendo conto che ho ancora gli auricolari alle orecchie, che Alberico sta ascoltando. All'improvviso il suono laconico del *tu-tu-tu* mi riporta alla realtà: Alberico ha riagganciato, senza dire una parola.

Tento di richiamarlo subito, ma il mio stupido cellulare fa una specie di pulsazione e si spegne. Che idiota, l'ho tenuto spento praticamente tutto il weekend senza metterlo in ricarica e ora... insomma, proprio adesso?!

Con una piccola spinta allontano Francesco. Ha rovinato tutto, di nuovo. Non deve più avvicinarsi a me.

«Cosa fai, adesso, mi controlli?» urlo contro di lui, arrabbiata.

«Non ti capisco, Bea, lo sai? Ci sono delle volte che ti trovo lì a guardarmi in cortile, da quel tuo angolino in cui ti metti con Chiara. Lo vedo, sai, che stai lì a fissarmi. Giorno dopo giorno, un intervallo dopo l'altro, ma poi se ti dedico una canzone scappi via dall'aula magna come se i miei sentimenti ti dessero fastidio...»

«Te ne sei accorto?!» balbetto, calmandomi all'improvviso.

«Certo che me ne sono accorto.»

«E mi hai portato quel regalo lo stesso?»

«Il pensiero che tu voglia stare lontana da me mi uccide.»

«Io...»

«Se adesso sei la ragazza di Alberico De Giglio, non devi avere paura a dirmelo. Come hai visto, anche io sto cercando di dimenticarti. Presto anche quest'anno scolastico sarà finito e non ci vedremo più tutti i giorni. Sarà tutto più semplice. E forse l'anno prossimo cambierò istituto, così...»

«In che senso cambierai istituto?»

«Te l'ho detto, volevo andare a Londra e non ho potuto, allora cercherò almeno di cambiare scuola. Così non dovrò più vederti tutti i santi giorni. E se quell'Alberico verrà a prenderti a scuola con la sua macchina da superstar di Internet, almeno io non ci sarò.»

I miei occhi diventano lucidi. Ora tutta la rabbia è sparita. Mi avvicino a Francesco, ma lui si sposta, come se volesse scansarmi.

«Farai tardi» mi dice, con la voce sottile, come se fosse profondamente ferito.

«Ormai sono già in ritardo» gli rispondo.

«Vai, Bea, non mi aspettare. Anche io sono stufo di aspettarti.»

Le parole mi muoiono in bocca, così camminiamo in silenzio fino alla banchina della metropolitana. Lui va fino in fondo, io resto all'inizio, per salire sulla prima carrozza. Entro a scuola con dieci minuti di ritardo e per questo motivo la professoressa della prima ora, l'insegnante di inglese, mi interroga. Faccio una fatica del diavolo a restare concentrata sulle sue domande, ma ho studiato per tutto il fine settimana e ho gli esercizi completati alla perfezione. Almeno una cosa sembra andare per il verso giusto, oggi.

capitolo 19

A scuola ho messo il telefono in ricarica, ma la verità è che non si è ricaricato affatto, perciò sono scappata via da Chiara e Alex, che avrebbero voluto pranzare insieme, e mi sono fermata a prendere una batteria nuova. Il commesso del negozio mi consiglia di fare un tentativo così prima di dare il telefono per morto definitivamente. Uso il fondo di emergenza che ho sempre nel portafoglio e mi riprometto di raccontare alla mamma di questa spesa improvvisa.

La strada fino a casa non mi è mai sembrata così lunga. Appena entrata mi fiondo in camera mia e metto il telefono in carica con la batteria nuova. Non ne vuole sapere di accendersi, e per almeno venti minuti resto lì come una stupida a fare mille tentativi, mentre la mia pancia gorgoglia e la fame mi sta… divorando.

Poi finalmente sento la vibrazione così familiare.

Salto su dal letto e mi lancio sul telefono come una pazza. Lo schermo si riempie di notifiche, e apro subito WhatsApp.

Albe: Francesco? Stai scherzando?

Albe: Non dirmi che... Cristo santo

Albe: Mi sto incazzando

Albe: Beatrice, mi vuoi rispondere?

Albe: Sei con lui?

Albe: Siete insieme, ho capito. Ecco con chi l'hai trascorso il fine settimana

Albe: Se volevi farmi soffrire, complimenti, ci sei riuscita. Addio Beatrice, per me può finire qui. Hai ragione, non sono il tuo fidanzato, e non lo sarò mai

Ma guarda un po', penso. Prima mi fa soffrire con tutte le sue foto con Melissa, poi si fa desiderare negandosi al telefono, restandosene a Bari mentre io muoio dalla voglia di rivederlo, e quando sa benissimo che, tra noi due, quello che può spostarsi più facilmente è lui, e adesso... adesso mi accusa addirittura di essere corsa tra le braccia di Francesco al primo litigio! Sono davvero stanca di stare qui ad aspettare una dichiarazione che non arriverà mai. Se è così che la pensa, va bene, non ripeterò lo stesso errore, non soffrirò di certo come ho sofferto in passato per chi non sapeva apprezzarmi.

Addio, Alberico, penso tra me e me, e non so come riesco a trovare la forza di impedire alle mie mani di rispondere ai suoi messaggi. So benissimo che non ricevere nessuna risposta, che vedere quella stupida spunta di WhatsApp diventare azzurra, è infinitamente più doloroso.

**

ALBERICO'S POV

La primavera è nell'aria e tutto intorno, a Bari ormai si può andare a fare il bagno, anche se l'acqua è ancora un po' fredda. Se solo Bea avesse creduto in noi, è lei che porterei in spiaggia, è con lei che vorrei trascorrere questo lunedì pomeriggio. Ma è come nei film: ci sono storie d'amore che non sono destinate a iniziare, nonostante si faccia l'impossibile...

Melissa, invece, rappresenta tutto ciò che è possibile.

Sono sicuro che conoscendola meglio smetterò di pensare a Bea.

Le sorrido mentre scendiamo dall'autobus e camminiamo verso la spiaggia. Lei si avvicina e mi prende per mano.

«Tutto bene?» mi domanda.

«Sì, certo» le dico sforzandomi di sorridere.

Il mare luccica davanti a noi, e dovrei solo pensare a godermi questo pomeriggio. E invece continuo a pensare che preferirei mille volte essere a Milano con Beatrice piuttosto che qui, su questa spiaggia dorata con Melissa.

«Dai, facciamoci un selfie» mi propone lei con un sorriso.

Mi metto in posa e faccio una smorfia, ma poi, nel momento in cui scatta la fotografia, Melissa si volta e a sorpresa mi stampa un bacio sulle labbra. Non so perché la lascio fare. Non glielo impedisco. Forse in qualche modo spero che Bea veda questa fotografia e soffra, esattamente come sto soffrendo io. Così mi faccio spedire la foto con WhatsApp e la preparo per condividerla su Twitter scrivendo: *Io e il mio amore*. Poi però cambio idea, cancello la foto e vado a pescarne un'altra: è l'immagine di due mani intrecciate. Le mani mie e di Beatrice. La condivido scrivendo:

@Albericoyes: Wish you were here.

Quando saliamo sull'autobus, il sole sta tramontando. Mi sono divertito, ma Beatrice è rimasta lì, un pensiero fisso nella mia mente. Quanto vorrei che ci fosse lei al posto di Melissa appoggiata alla mia spalla.

Vorrei voltarmi e trovare i suoi lunghi capelli biondi, il suo sorriso dolcissimo, la sua timidezza che adoro tanto.

Lo so, non è giusto considerare Melissa soltanto come una distrazione. Ma non le ho fatto nessuna promessa, sa che ci stiamo frequentando come amici. Sa di Beatrice. E fino a oggi io non avevo ancora capito quanto fossero forti i miei sentimenti per Bea. Mi servirà moltissimo tempo per dimenticarla. Ma sono sicuro che prima o poi ci riuscirò.

Io e Melissa siamo ancora sull'autobus quando il mio telefono prende a squillare: è il mio manager. Ho un evento stasera e me ne ero completamente dimenticato.

capitolo 20

BEATRICE'S POV

Il pomeriggio sembra non finire mai. Perché Alberico ha reagito così? Perché non mi ha lasciato nemmeno il tempo di spiegargli come sono andate le cose? So che ora tocca a me cercarlo, ma l'orgoglio mi impedisce di fare il primo passo. Mi sono sentita offesa, giudicata.

Resto immersa nei miei pensieri per molte ore, poi non ce la faccio più e prendo in mano il telefono.

Fisso la barra di WhatsApp in attesa dell'idea giusta.

Forse è meglio dirglielo a voce, quello che penso.

Seleziono dalla rubrica il numero di Albe e lo chiamo.

Ogni squillo a vuoto è come una coltellata al cuore.

Di solito mi risponde all'istante.

Lo so che anche lui come me ha sempre il telefono a portata di mano. Perché non vuole parlarmi? Quando scatta la segreteria telefonica, mi arrendo e gli mando un messaggio:

Me: Questa distanza rende tutto così difficile. Vorrei parlarti e cercare di spiegarti. Non ho passato il fine settimana con Francesco. L'ho passato pensando a te, a quanto vorrei che fossimo vicini, che potessimo stare sempre insieme, come quando sei venuto qui a trovarmi. Se pensi che sia finita, stai facendo un errore. Io ti aspetto ancora. Ti aspetterei altre mille volte

Gli mando il messaggio e resto lì davanti allo schermo come una scema, ad aspettare che l'icona a forma di orologino diventi una spunta grigia, e poi una spunta azzurra... Possibile che non sia collegato a Internet? E se mi avesse bloccata?

Intanto, sono io a bloccarmi: come se fossi diventata una statua di sale, rimango con gli occhi fissi sullo smartphone. All'improvviso nella mia mente prendono forma scenari apocalittici: Alberico e Melissa che si sposano e condividono su Instagram le foto del giorno del loro matrimonio, Alberico e Melissa che mettono online il video della nascita del loro primo figlio, Alberico che mi incontra per caso per strada e neppure mi riconosce, Alberico che cancella dal suo telefono tutti i nostri ricordi più belli...

Per distrarmi, apro Facebook e condivido una vignetta che ho visto sulla pagina di una mia amica. C'è l'immagine di un film, *Frankenstein Junior*, con la scena di un acquazzone, e la scritta: «*Potrebbe andare peggio, potrebbe piovere*». Già, forse nel mio caso sono arrivata direttamente al diluvio universale.

Sto scorrendo la bacheca per leggere i post dei miei contatti quando inizio a ricevere una serie di notifiche. Sono tutti i *like* all'immagine che ho condiviso. Una invece è di un messaggio privato. Lo apro con il batticuore: in qualche modo spero con tutta me stessa che sia Alberico, e mi rendo conto che lui è il mondo per me e non voglio nient'altro, a parte lui, e proprio per questo il suo silenzio mi fa così male... Peggio di una pugnalata.

Niente Alberico però.

Il messaggio privato me l'ha scritto Francesco.

Franz: Hey, come stai? Ti ricordi quando abbiamo visto insieme quel film?

Lo leggo, lo rileggo, e inizio a scrivere una risposta:

Me: Me lo ricordo, mi ricordo tutto di noi

Mi fermo e cancello tutto, poi riscrivo:

Me: Nonostante quello che pensi, non ti ho dimenticato.

Non mi convince e cancello anche questo. Alla fine opto per un più semplice:

Me: Certo che me lo ricordo.
Tu come stai?

Glielo mando e resto lì a fissare lo schermo in attesa di una risposta, che però non arriva. Meglio rimettersi a studiare chimica, domani c'è il compito in classe.

Ho letto sì e no mezza pagina quando torno con la mente ad Alberico. Possibile che si sia davvero già scordato di me?

Poi, come per un presentimento, apro Twitter e vado a controllare se ha scritto qualcosa di nuovo.

Un'ora fa ha pubblicato una foto che ci siamo fatti quando è venuto qui a trovarmi. Ci ha messo un effetto che la rende tutta sfocata, non so come abbia fatto. E ha scritto: «Wish you were here».

Sotto alla fotografia ci sono commenti su commenti delle sue fan. «Chi è?» «Parli di Melissa?» (E basta con questa Melissa!), «Se non ti vuole non ti merita», «L'amore vero sa aspettare».

Come lo devo interpretare, questo suo messaggio? Non posso restare un istante di più in preda a quest'ansia e così decido di telefonargli per la seconda volta. Il telefono squilla a lungo, a vuoto. Quando chiudo la chiamata mi arriva un messaggio su WhatsApp.

Albe: Sono a un evento, ti chiamo quando esco

Chissà se è una scusa. Resto a fissare il cellulare in attesa di una sua chiamata per il resto della serata, ma non arriva nessuna telefonata. Possibile che l'evento non sia ancora finito? Sento un peso sul cuore che aumenta a ogni minuto, sempre più, e io non so che cosa fare. Non voglio perdere Alberico così.

**

Sono ormai le otto e mezza quando me ne sto stesa sul letto del mio fratellino a leggergli i tre porcellini.

«"*Mi raccomando, fate attenzione al lupo e non lasciatelo mai entrare in casa. Gruf gruf*" dissero i tre porcellini.»

«*Gruf gruf*» risponde Lorenzo, imitando insieme a me un porcellino. Quanto è dolce.

Sto per ricominciare a leggere quando si sente una vibrazione sul letto: è il mio smartphone. Lo prendo e trovo un messaggio WhatsApp. Di Francesco.

Franz: Ora che mi hai scritto sto bene. E tu stai bene?

Esito prima di rispondergli. No che non sto bene. Prima lui, poi Alberico. Il cuore non è mica un vaso, che se si rompe poi si riaggiusta con un po' di colla.

Vorrei tanto tornare indietro, a quel pomeriggio in cui ho visto Francesco con quella ragazza, e fermare il tempo. Fino a quando non ho aperto la porta della sua stanza, non avevo ancora conosciuto questo genere di sensazione. Il cuore in gola. Forse posso ancora rimediare. Forse l'amore può tornare al suo posto. Alberico e Melissa a Bari. Beatrice e Francesco a Milano.

Me: Sto bene ma potrei stare meglio,
se non avessi tutti questi compiti in classe.
Vorrei scappare su un altro pianeta

Franz: A chi lo dici. Non ne posso più.
Sai qual è il miglior modo per riprendersi?

Me: Le vacanze?

Franz: Andare a bere qualcosa insieme

Andare a bere qualcosa insieme? Intende un vero e proprio appuntamento? Non lo so, ma rileggo il messaggio dieci volte. Accanto a me il mio fratellino, nell'attesa che continuassi a raccontargli la storia, si è addormentato. Gli rimbocco le coperte e, senza fare rumore, torno nella mia stanza.

capitolo 21

Come sarebbe facile accettare la proposta di Francesco. Rispondere al suo invito con qualche parola gentile e passare una bella serata, cercando di non pensare a niente. Ad Alberico, alla distanza, a tutti i nostri problemi.

Ma non è quello che voglio. Non voglio che Alberico abbia ragione su di me. Non voglio che mi chiami e mi trovi proprio con lui, con Francesco. Perché io sono sicura che prima o poi mi telefonerà.

Così taglio corto la conversazione con il mio ex inventando una scusa:

Me: Stasera non posso, Franz. Ci sono ospiti a cena

Lui non insiste, sa che la situazione tra di noi è già delicata. Appena Francesco sparisce dalla chat risprofondo nel silenzio della mia stanza. Il silenzio dello smartphone che non suona, una tortura che non mi dà pace.

Vorrei che Alberico mi chiamasse, ma più lo desidero, più ho bisogno di parlargli, più lui sembra svanito nel nulla.

Controllo anche il suo profilo Twitter, ma nemmeno quello è stato aggiornato.

Capisco che è così che dev'essersi sentito lui quando non è più riuscito a rintracciarmi. Sono stata una stupida e non me ne sono resa conto. Ho pensato soltanto alla mia voglia di non parlare con nessuno, senza preoccuparmi neppure per un attimo di quello che avrebbe provato lui. Quest'attesa è angosciante. Il mio cuore non è spezzato ma, semplicemente, mi sembra quasi di non averlo più. Se n'è svanito nel nulla, come Alberico.

Dove sei, amore mio? mi ritrovo a pensare. Perché è questo, lui, il mio amore.

All'improvviso la mia camera e tutta la casa mi sembrano una specie di prigione. Vorrei fare come in quei film in cui i personaggi hanno il potere di trasformarsi in creature diverse, diventare degli animali e poi tornare umani: mi trasformerei in un gabbiano e volerei fino al mare di Bari, da Alberico, volerei da lui e scoprirei cosa gli è successo.

Invece devo restare qui.

In attesa. In gabbia.

**

Devo essermi addormentata con il cellulare in mano perché, quando lo sento vibrare e apro gli occhi, l'orologio sullo schermo segna mezzanotte e venticinque. Finalmente Alberico si è deciso a telefonarmi.

«Pronto» bisbiglio con un filo di voce.

«Bea, scusami se non ti ho chiamato prima ma… non riuscivo a liberarmi e poi adesso ti ho vista online e ho pensato che fossi ancora sveglia e allora…»

Certo, stupido, mi sono addormentata aspettando la tua chiamata, aspettando di sentire la tua voce…

«Credevo che non volessi parlarmi più» gli rispondo.

«Ma certo che no, purtroppo… non potevo…»

«Come è andato l'evento?»

«Bene, c'erano un sacco di fan. Solo che non era qui vicino, ci ho impiegato una vita a tornare a Bari.»

«Ora però sei a casa.»

«Sì, sono a casa.»

Abbiamo un momento di imbarazzo.

Ci sarebbero così tante cose da dirsi che forse nessuno di noi due sa da dove cominciare.

«Senti, quello che volevo dirti è che…» provo a iniziare.

«Non mi devi dare spiegazioni.»

«Lasciami parlare, Albe. Non ho passato il fine settimana con Francesco. Semplicemente volevo dimenticarmi di tutto e di tutti, ero con i miei amici e la mia famiglia. Alle volte si sta meglio lontani. Ma io da quando non ti sento più sto malissimo.»

Lui sospira. «Non hai passato il fine settimana con lui? E io come faccio a crederti?»

«Wow. Vedo che ti fidi molto di me» ribatto, e avverto la rabbia che torna a emergere dal fondo del mio animo.

«Non capisci. Cosa dovrei pensare? Eri arrabbiata con me, non avevo tue notizie da due giorni e ti trovo con il tuo ex, il ragazzo di cui fino all'anno scorso eri innamorata: cosa dovevo fare?»

«Fidarti, magari? Io mi fido di te. O almeno ci sto provando. E poi, sei tu a non capire.»

«Perché? Che cosa dovrei capire?»

Sento le mie labbra aprirsi e richiudersi mentre la mia mente vaga alla ricerca del modo migliore per dire a parole ciò che sto tentando di esprimere, ciò che se fossimo insieme in questo momento potrei dirgli soltanto con un bacio.

«Dimmelo. Ti prego, dimmelo. Ho bisogno di sentirmi dire quelle parole.»

Sospiro. Insomma, è arrivato il momento.

«Perché non c'è nessuno che io voglia baciare al di fuori di te. Perché ti amo, Alberico. Perché sono completamente, follemente innamorata di te.»

L'ho fatto per davvero, oddio. Non riesco a crederci. Sono riuscita a dirgli cose che ho sempre pensato in questi due anni, ma che da quando ci siamo conosciuti sono diventate assolutamente più intense. Ormai, con lui tutto è diventato intenso.

E poi, proprio in quel momento, cade la linea. Non avrà riagganciato? Forse non avrei dovuto dirgli...

Il telefono prende a squillare insistentemente. Alberico mi sta richiamando.

Il mio cuore perde un battito. O forse due, o forse tutti. E se adesso mi dice che lui non mi ricambia, che per lui è solo amicizia? Con le dita tremanti, accetto la chiamata e avvicino il cellulare all'orecchio.

«Ehi.»

«Dillo di nuovo, ti prego» mi dice in tono supplichevole.

Aspetto qualche secondo prima di parlare.

«Ti amo, Alberico» ripeto, sorridendo.

«Dillo ancora.»

«Ti amo.» Continuo a sorridere.

«Ancora.»

«Ti amo, Albe. Ti amo, ti amo, ti amo, ti amo.»

«Ti amo, piccolina.»

Il mio cuore scoppia, il mio stomaco fa le capriole e sento il mio petto stringersi sempre di più. *Ti amo, piccolina.*

«Quindi?» mi domanda.

«Quindi cosa?»

«Quindi ora sei la mia ragazza?»

Anche se non posso vederlo, sono sicura che sta sorridendo.

«Se tu lo vuoi, sì» gli rispondo.

«Lo voglio più di qualsiasi altra cosa, voglio te più di qualsiasi altra cosa.»

E a queste parole mi sciolgo completamente.

«E io voglio te.»

capitolo 22

I giorni se ne vanno via così, interrogazioni su interrogazioni, un compito in classe dopo l'altro, e nonostante tutto l'impegno che ci metto, se riesco a prendere un sei è già una grande fortuna.

La primavera si è trasformata in una caldissima estate, anzitempo, e io mi sto trasformando nella ragazza più sola di tutta la scuola. Sola, sì: è così che mi sento anche se io e Alberico ci siamo dichiarati. La distanza mi uccide.

Non c'è mattina in cui, in metropolitana, non mi capiti di vedere un ragazzo e una ragazza che si baciano... tutti si fidanzano e sono felici, tutti tranne me.

A casa non me la sento di parlarne, la mamma ha già i turni di notte in ospedale a complicarle la vita, Giovanni è di nuovo in Molise dalla sua fidanzata e mio padre non è bravissimo a far addormentare il mio fratellino quando la mamma è al lavoro, così tocca a me dargli una mano. Gli leggo sempre lo stesso libro, la storia dei tre porcellini. Lui si diverte molto, soprattutto quando mi metto a fargli l'imitazione dei maialini e provo a grugnire, anche se quello che mi esce è solo un buffo suono dal naso. Come lettura per la buona notte, però, ha funzionato solo le prime volte; adesso non è più così efficace, perché il mio fratellino se la ride di gusto e la voglia di dormire gli passa del tutto. Certe sere sono io che mi addormento lì accanto a lui nel suo letto, nella penombra della stanza, mentre Lorenzo mi tira dei pizzicotti e mi implora di riprendere la lettura.

Anche Alex e Chiara sono diventati distanti: il fatto è che loro sono saliti a bordo dell'astronave della felicità che li ha portati sulla Luna, e io sono rimasta qui sulla Terra. Sono già due volte che me ne sto a casa a guardare *Pretty Little Liars* con la scusa di aiutare la mamma e studiare. Chissà se mi credono o se hanno capito che è meglio lasciarmi stare, è meglio che me ne stia per conto mio almeno per un po'.

Sembrano secoli, invece sono passate soltanto due settimane da quando Alberico e io ci siamo dichiarati e stiamo insieme. Due settimane ad amarci e nemmeno un bacio, un abbraccio, una carezza. La distanza fa schifo.

Dovrei battere il cinque a mio fratello. Ora riesco a capirlo, siamo sulla stessa barca. Entrambi innamorati di una persona a distanza. Però per lui è tutto più facile, ormai ha vent'anni, può fare le sue scelte, andare da lei quando vuole. Be', *più o meno* quando vuole, perché sta frequentando l'università qui a Milano. Comunque al confronto io, a sedici anni e mezzo, dove me ne posso andare da sola? Proprio da nessuna parte.

Però, nonostante tutto, ne vale la pena. Perché per Alberico ne vale la pena, sempre.

Ogni tanto parlo anche con sua madre su Facebook, quella donna mi adora e io adoro lei. Sono felice che Alberico abbia già detto tutto alla sua famiglia.

Sarei voluta andare da lui e sono sicura che se mi fossero venuti i cinque minuti di pazzia lo avrei fatto. Intanto però queste sono state anche due settimane di studio e fatica. La scuola finirà tra una decina di giorni, e io ho di nuovo la sufficienza in tutte le materie. Con in mano un compito in classe di storia su cui campeggia un incredibile otto, andrò dalla mamma a contrattare. Otto. Significa che non solo non mi bocceranno, come sarebbe potuto sembrare all'inizio dell'anno, ma anche che ho recuperato ogni singola insufficienza nel giro di pochi mesi. Qualcuno direbbe che è una specie di miracolo.

Proprio come la storia tra me e Alberico.

Per questo devo almeno fare un tentativo, anche se probabilmente riceverò un no come risposta. Ma almeno potrò dire di averci provato, giusto?

Scendo al piano di sotto, dove mia madre sta preparando la pizza. Mi siedo a tavola e prendo un pezzo di salsiccia piccante che sarebbe dovuta servire per il condimento.

«Mamma, devo parlarti...» dico, cercando di sembrare il più seria possibile.

Mia madre, che sta impastando, si gira a guardarmi.

«Che cos'è successo stavolta?» mi domanda.

«Niente, va tutto bene. Anzi, va tutto così bene che vorrei chiederti una cosa.»

«Dimmi tutto, ti ascolto» replica alzando un sopracciglio.

«Voglio andare da Alberico» dico in tono supplichevole.

Mia madre solleva di scatto la testa dell'impasto e mi osserva, senza dire nulla. Dopo qualche secondo però mi risponde: «Tuo padre non lo permetterebbe, lo sai questo? Io adoro quel ragazzo, per me non ci sarebbero problemi a mandarti da lui per qualche giorno. Mi fido di lui e so che ti ama, ma il problema rimane.»

«Lo so, mamma, ma papà non deve saperlo per forza. Possiamo dirgli che sono da Chiara o da qualche altra amica. Ti prego. Guarda, ho anche preso otto in storia, non vedi che da quando c'è Alberico sono più felice e sto meglio? Riesco di nuovo a vivere, a studiare, insomma riesco...»

«Bea, prima o poi capirai che non c'è bisogno di un'altra persona per essere felici. La felicità è innanzitutto stare bene con se stessi, e soltanto dopo si può stare bene insieme a qualcun altro. Ma alla tua età è ancora difficile capirlo.»

«Io sono felice con me stessa... però lo sai com'è in una storia a distanza, no? Lo vedi anche con Giovanni. Ho bisogno di stare un po' con Alberico, almeno questo lo capisci?» concludo, supplicandola con lo sguardo.

«Facciamo che appena finisco qui chiamo tuo padre e provo a parlarci, okay? Ma non ti assicuro niente.»

La abbraccio fortissimo.

**

Due ore dopo mi trovo in camera mia, con il cellulare in mano e gli occhi lucidi. Sono sul punto di piangere per la felicità.

Sto parlando con sua madre sulla chat di Facebook e, dopo averle raccontato tutto, le chiedo se può mantenere il segreto e aiutarmi a fare una sorpresa ad Alberico.

Decidiamo insieme la data in cui andare: partirò tra due giorni. Mi dà il loro indirizzo e, dopo esserci organizzate, mi promette che Alberico resterà all'oscuro di tutto.

Il mio cuore esplode dalla gioia. Andrò dall'amore della mia vita. C'è soltanto un piccolo particolare: i miei in realtà non mi hanno dato il permesso di partire. Ma per fortuna quel genio di Giovanni ha avuto un'idea niente male: diremo che parto con lui, venerdì, per passare qualche giorno in Molise. Un premio per sfruttare l'ultimo ponte prima del termine dell'anno scolastico. Mia mamma ci ha creduto, o forse ha finto di crederci. Mio padre invece non ha sospettato nemmeno per un istante che ci sia sotto qualcosa. Gli ho detto che da Alberico non ci potrei comunque andare, perché lui è in giro per la Toscana a incontrare le fan, e lui non ha fatto altre domande.

Insieme a Giovanni acquisto il biglietto aereo online e inizio a preparare la valigia, infilandoci giusto l'essenziale per pochi giorni. Ho appena finito quando il mio cellulare suona. Un messaggio da parte di Alberico.

Albe: Amore, mi manchi

Me: Mi manchi tantissimo anche tu

Albe: Da quando stiamo insieme non siamo riusciti a baciarci nemmeno una volta, è straziante

Me: Ci vedremo presto, lo prometto. E poi potrai baciarmi tutte le volte che vuoi

Albe: Lo spero, amore. Baci dappertutto ☺

Arrossisco e scuoto la testa, sorridendo. È sempre il solito.

Me: Idiota, pensi sempre a quello eh? E io che ti sto a fare i discorsi romantici...

Albe: Adoro metterti in imbarazzo ☺☺

Albe: Vorrei essere lì con te per vedere come sei arrossita

Mi conosce troppo bene. Sa che questo tipo di argomenti mi fanno arrossire. E lui spesso lo fa apposta a parlarne, soprattutto quando facciamo le videochiamate. Si diverte a vedermi in imbarazzo, e l'ha sempre detto.

Parliamo per tutta la serata, facciamo una videochiamata, ridiamo e scherziamo. Il mio telefono vibra e ricevo una notifica di Instagram.

albericoyes HA PUBBLICATO UNA FOTO

La apro: è un suo selfie. Sorrido vedendo la descrizione.

albericoyes: Dedicata a una persona speciale. Ti amo.

Nel selfie c'è lui, in camera sua, con una mano sul viso che schiaccia le guance e le labbra come per dare un bacio. Immediatamente noto i suoi occhi. Occhi lucidi e rossi. Il mio cuore si spezza, vorrei correre da lui e dirgli di non piangere, dirgli che nonostante tutto io sono con lui. Sempre.

Quindi lo imito. Indosso la maglia di Albe, quella che mi ero presa prima che partisse, per avere un suo ricordo. Mi sta larghissima, è ovvio, andava larga a lui, figuriamoci a me.

Attivo la fotocamera e scatto una foto identica alla sua, poi la posto su Instagram.

beatrice: Dedicata a una persona speciale. Ti amo.

In pochi secondi vengo completamente sommersa da commenti. Ne leggo un po': «Oddio ma è uguale a quella di Alberico», «Oddio quella è la sua maglia!», «State insieme?», «La didascalia è quella che ha messo anche Albe», «Ma tu sei la ragazza con la quale Albe aveva postato la foto su Instagram l'altra volta?», «State insieme, abbiamo capito tutto».

Avrei bisogno che ci fosse lui, qui con me, in questo momento. Avrei bisogno di vederlo tutti i giorni, di baciarlo e abbracciarlo ogni volta che ne sento il bisogno. E io ne ho *sempre* bisogno.

Ma tra due giorni andrò da lui: finalmente questa lunghissima attesa avrà fine, finalmente lo abbraccerò come non ho mai fatto, lo bacerò per un tempo infinito e dormirò con lui. Tutto quello che desidero presto si avvererà.

Una vita con Alberico è la vita che voglio. Perché so che solo con lui al mio fianco posso essere davvero felice.

Mi arriva un messaggio.

Albe: Ti amo.

capitolo 23

Sono in aeroporto con mio fratello maggiore, in attesa che chiamino il "nostro" volo.

Manca solo un'ora alla partenza – prenderò il Milano-Bari delle tredici – e inizia a salirmi l'ansia, perché questo significa che tra davvero pochissimo sarò tra le braccia di Alberico.

Una voce metallica annuncia la partenza del mio aereo. Ho quindici minuti per arrivare all'imbarco.

Scatto in piedi da quella scomoda sedia di plastica e prendo la mia valigia, che era appoggiata a terra.

Saluto con un forte abbraccio mio fratello, che mi sussurra all'orecchio: «Stai attenta e ricordagli sempre il preservativo, okay?»

Scoppio a ridere scuotendo la testa e gli tiro un pugno sul petto. Anche Giovanni si mette a ridere parando il colpo e poi, a voce più alta, aggiunge: «Mandami un messaggio quando sei atterrata».

Dopo di che mi affretto verso il gate.

Mezz'ora più tardi sto guardando il cielo fuori dal finestrino. Per fortuna ho già preso l'aereo l'anno scorso per andare in gita con la scuola a Barcellona, così non sono affatto agitata per il volo. Ma lo sono per tutto il resto. Cosa sto facendo? Non sarà una pazzia? E poi, dopo aver incontrato Alberico questa volta, non sarà ancora più difficile tornare alla mia vita di ogni giorno, lontano da Bari, lontano da lui? Una pioggia di domande mi inonda la testa a mano a mano che l'aereo sale di quota, e ho quasi l'impressione che mi stia portando proprio tra le nuvole, dove di solito vado a finire con il cervello quando penso ad Alberico.

Me l'ha detto anche Chiara. Dice che quando penso ad Alberico mi viene questa strana luce negli occhi, come se ci fosse un alieno che mi controlla a distanza. Ogni volta la prendo in giro rispondendole che se io sono controllata a distanza da un alieno, allora lei da quando si è innamorata di Alex è controllata a distanza da tutti gli alieni di tutte le galassie, che infatti le hanno fatto usare un ombretto verde in modo da renderla più simile a loro. Inutile dire che questi discorsi finiscono sempre in una grande risata, e che Chiara, quando ci troviamo con Alex – che non sa niente delle nostre chiacchierate sull'amore

– mi canticchia la musica della colonna sonora di *Guerre Stellari,* tanto per ricordarmi che mi è tornato lo sguardo da ragazza innamorata.

Quando siamo decollati, è stato bellissimo guardare i palazzi di Milano diventare sempre più minuscoli, per poi sparire sotto le nuvole in cui l'aereo si è infilato abbandonando ogni scorcio della città.

Per rilassarmi, durante il viaggio ascolto un po' di musica e provo ad addormentarmi, ma ovviamente non è per niente facile. Allora spengo la musica e resto ad ascoltare i discorsi di due ragazze che non vedo, sedute alle mie spalle. Una racconta all'altra del suo primo appuntamento con un certo Paolo, che le sta davvero facendo girare la testa. Quanto la capisco.

Poi a un tratto il tempo che sembrava non scorrere mai passa in un istante, l'aereo atterra e scendiamo.

Bari, finalmente! Ora ci troviamo nella stessa città, sotto lo stesso identico cielo, e Alberico nemmeno lo sa.

Mando un messaggio a Giovanni per avvertirlo che sono arrivata e lui, scemo com'è, mi risponde scrivendo solo: «Compra una scatola di preservativi, mi raccomando ☺».

Mi limito a scrivergli: «Scemo», e recupero i miei bagagli dal nastro trasportatore.

Anziché divertirmi, il messaggio di Giovanni mi ha dato un po' fastidio. Ci sono certi giorni, a scuola, in cui mi sento del tutto insignificante quando vedo le altre ragazze così sfrontate e sicure di sé, ragazze che hanno già avuto molti fidanzati pur avendo la mia stessa età, e in realtà alcuni non erano affatto fidanzati, ma soltanto ragazzi con cui sono andate a letto. Quando ho sorpreso Francesco che baciava un'altra, per molte settimane mi sono chiesta se non avrei fatto bene a diventare anche io così, ma con il passare dei mesi ho capito che io sono diversa, che per me la prima volta dev'essere davvero speciale, come una favola, e finché non arriverà il momento giusto, aspetterò. Alberico riuscirà a capirlo? Finora non ne abbiamo mai davvero parlato...

Forse è il clima arroventato – a Bari è praticamente caldo quanto a Milano in agosto – a farmi venire questi pensieri, e per rinfrescarmi entro nel bar di fronte alla fermata del bus-navetta che porta in città. Il locale è pieno di gente che gioca a carte e sfoglia il giornale, mentre una radio accesa fa da sottofondo musicale senza che nessuno la stia ad ascoltare.

**

Resto a bere la mia Coca-Cola ghiacciata assaporandola il più possibile, tanto mancano ancora venti minuti alla partenza del prossimo autobus. Il pensiero che tra meno di un'ora sarò da Alberico mi fa venire ancora più caldo e quasi quasi avrei voglia di bere tutte le bibite ghiacciate che vedo attraverso lo sportello di vetro del frigorifero.

«Senta» dico alla barista «mi darebbe un'altra lattina?... Un'aranciata questa volta, perché la Coca-Cola ha dentro la caffeina e sono già abbastanza agitata.»

La barista, che sembra una statua di cera e non ha spiccicato parola, annuisce senza nemmeno un sorriso, si volta, apre il frigorifero, tira fuori una lattina, la stappa e me la porge, sbattendo sul bancone anche un altro bicchiere pulito, come se mi stesse facendo un favore. Poi riprende a svuotare la lavastoviglie.

Nella gran confusione del bar, tra piatti e bicchieri che sbatacchiano e il vociare indistinto degli avventori, all'improvviso sento una canzone che conosco molto bene.

If only you saw what I can see,
You'll understand why I want you so desperately,
Right now I'm looking at you and I can't believe,
You don't know, oh oh, you don't know you're beautiful,
oh oh, that's what makes you beautiful.

Il mio cuore perde un battito. È la stessa canzone che Francesco mi ha cantato a scuola. La stessa che avrebbe voluto sentire con me al concerto degli One Direction. Perché il fantasma del mio ex fidanzato continua a perseguitarmi?

Quando salgo sull'autobus, sto affogando nei pensieri.

capitolo 24

Dopo un tragitto di circa un quarto d'ora, come mi aveva spiegato la madre di Alberico, devo camminare qualche altro minuto per ritrovarmi sotto casa sua.

Finalmente, sono qui.

Non ho già detto a me stessa molte volte che Francesco è il passato e Alberico il futuro? Appunto. Alberico ha fatto una straordinaria pazzia quando è venuto a Milano per incontrarmi di persona, e io in questo preciso istante sto per fare una pazzia molto simile. Anzi, l'ho già fatta dal momento in cui ho fatto di tutto per convincere mia madre a lasciarmi partire.

Se soltanto non avessi sentito quella maledetta canzone.

Se soltanto Francesco, come mi ha detto tante volte, riuscisse veramente a dimenticarmi.

Dopo tutto, è stato lui a baciare un'altra ragazza, ed è

stato lui a spezzarmi il cuore: non può assumersi le sue responsabilità e ammettere che ha fatto uno degli errori più grandi della sua vita, anziché continuare a chiedermi di perdonarlo?

Eppure, che confusione. Ogni volta che mi sembra di avere tutto chiaro, in qualche modo arriva Francesco a confondermi. Ma non mi lascerò confondere. Respiro a fondo. Il futuro e la felicità sono a portata di mano, lo sento, e se il mio amore per Alberico è sopravvissuto fino a ora, nonostante la distanza che ci separa, allora tutto è ancora da decidere.

Suono il citofono, sicura che Alberico non sia in casa, come mi ha detto sua madre Rita. Risponde lei ed entro nel palazzo.

Salgo le scale fino a quando non trovo una porta aperta e Virginia, la sorellina di Alberico, sulla soglia.

E mi viene un pizzico di tremarella alle gambe. Eccomi qui.

Sorrido e mi presento, ma Rita mi corre incontro e mi attira in un abbraccio. Proprio come ha fatto mia madre con Alberico.

«Finalmente ti conosco! Ma guardati, sei proprio bellissima, tesoro!» dice e mi aiuta a portare la valigia e lo zaino dentro casa.

Chiude la porta e anche Virginia mi abbraccia. Dopo

qualche secondo, mi accorgo che c'è anche il padre di Alberico, seduto sulla poltrona davanti alla televisione. Lo saluto e lui mi risponde con un sorriso grandissimo.

«Alberico dovrebbe tornare tra poco, quindi se vuoi fargli una sorpresa, appena arriva corri in camera sua e fatti trovare lì. Che ne dici?» mi propone entusiasta.

Parliamo un po'. Mi chiedono che scuola frequento, se mi trovo bene a vivere a Milano, come ci siamo conosciuti io e Alberico e quando.

Nonostante siano i suoi genitori, mi mettono subito a mio agio e stranamente non provo per nulla soggezione. Sono delle persone eccezionali.

«Ci ha raccontato che è venuto a Milano per farti una sorpresa» dice Rita, sorridendo.

Sorrido anche io.

«Proprio così. Ero giù da morire perché lui era a Torino per un evento e i miei non hanno potuto accompagnarmi. Lui lo sapeva e quella stessa notte me lo sono trovato davanti a casa, sulle scale» racconto, facendo ridere tutti loro, soprattutto Virginia. «Ma ancora non stavamo insieme, eravamo amici» aggiungo con un lieve imbarazzo.

Mi spiegano che stasera potremo cenare a casa tutti insieme... io in realtà vorrei stare da sola con Albe, ma non me la sento di deluderli, sono così carini e gentili!

Poco dopo qualcuno suona al citofono e io sobbalzo.

Suo padre mi guarda e mi fa segno di andare in camera di Alberico e di chiudere la porta.

Prendo la valigia e corro per il corridoio, poi mi infilo velocemente nella sua stanza.

Appoggio la valigia accanto alla scrivania e mi siedo sul letto, ad aspettarlo.

La sua camera. Meraviglioso. L'ho sempre e soltanto vista attraverso i suoi video ed è così strano trovarmi qui dentro ora. È proprio come nei filmati: piena di poster coloratissimi e disegni. La adoro.

Passa qualche minuto, fino a quando non sento la sua voce che proviene dalla sala. E mi assale il panico. Lui è qui. Vorrei alzarmi, uscire dalla porta e fiondarmi tra le sue braccia. E... vorrei togliermi dalla testa quella stupida canzone. È come una di quelle noiosissime storie dell'Antica Grecia che ci costringono a studiare a scuola, con le sirene che chiamano Ulisse e vogliono spingerlo ad andarsi a schiantare con la nave contro gli scogli. *E se Francesco fosse il mio canto delle sirene?* mi domando, e quasi allo stesso tempo in un'altra parte della mia anima sorge spontanea una domanda molto simile: *E se Alberico fosse il mio canto delle sirene?*

Sento i miei occhi inumidirsi e diventare lucidi. *Non piangere, stupida.* Anche mia madre mi ha detto che a poco a poco sarà il tempo a darmi le risposte che sto cercando.

E il tempo mi ha portata qui da lui, dopo più di un mese che non ci vediamo, proprio per riuscire a fare chiarezza.

Nella camera entrano solo pochi raggi di sole dalle persiane socchiuse. Ho spento la luce, così Alberico si accorgerà della mia presenza soltanto dopo aver chiuso la porta.

Sento dei passi nel corridoio, poi la porta della stanza si apre e si richiude. Alberico accende la luce. Vedo che mi passa davanti, dirigendosi verso la scrivania dove appoggia il cellulare e accende il computer.

Una lacrima bagna il mio volto, ma allo stesso tempo mi viene da ridere. Non si è accorto che sono qui, seduta sul suo letto. Si può essere così idioti?!

Sospira e dice sottovoce: «Che giornata di merda».

Un'espressione divertita mi si dipinge sul volto.

Subito dopo Alberico si gira e, finalmente, i suoi occhi incrociano i miei.

Il mio cuore si ferma, il respiro mi muore in gola e lo vedo bloccarsi. Bloccarsi nel vero senso della parola. Sorrido e i suoi occhi diventano lucidi.

Fa un passo veloce verso di me e mi prende la mano, tirandomi e facendomi alzare dal letto. Gli salto letteralmente addosso e lui mi stringe fortissimo a sé. Incrocio le mie gambe intorno al suo bacino, mentre lui mi tira a sé sempre di più. Proprio come la prima volta in cui ci siamo visti.

Non riesco a trattenere la commozione e inizio a piangere, mentre lui mi stringe ancora più forte. Tanto forte da farmi mancare il respiro.

Sollevo la testa e lo guardo negli occhi, notando che anche i suoi sono pieni di lacrime.

«Amore mio» bisbiglio sorridendo, e avvicino il mio viso al suo per dargli un semplice bacio a stampo.

A poco a poco il bacio a stampo si trasforma in qualcosa di decisamente più passionale, mentre lui mi accarezza la schiena, mentre mi spinge ancora di più verso di sé, facendo combaciare del tutto i nostri corpi.

«Tu non hai idea dell'effetto che mi fai» dice staccandosi da me, come se si fosse ustionato in questo abbraccio.

Sorrido e abbasso la testa imbarazzata, arrossendo come non mai. Lui ride e mi dà un bacio tra i capelli, per poi posare un dito sotto il mio mento e farmi alzare la testa per guardarmi negli occhi.

«Non devi vergognarti, mi piaci, è la verità» sussurra, accarezzandomi la guancia arrossata.

Ripenso alle sue fotografie con Melissa, a come mi sono sentita brutta e insignificante al confronto con quella ragazza, a tutto il tempo passato a scegliere come vestirmi per questo incontro.

Mi dà un altro bacio a stampo e avverto il contrasto tra il calore morbido della sua bocca e l'anellino che porta al labbro. Adoro il suo piercing e ancora una volta lo bacio.

Continuo a dargli non so quanti baci, uno dopo l'altro, sulle labbra, sul mento, sulla mascella. E poi all'improvviso inizia a fare molto caldo: il contatto con Alberico mi sta letteralmente mandando a fuoco.

«Così mi consumi le labbra» dico, staccandomi da lui e dalle sue braccia.

Lui però non mi lascia andare. Si avvicina, mi prende mano nella mano e mi guarda negli occhi. Sorrido vedendo che ha la pelle d'oca. Sono felice di fargli questo effetto.

«Ti amo, Beatrice.»

«Ti amo, Alberico.»

Mentre sono qui, tra le sue braccia, la canzone di Francesco non somiglia più al canto delle sirene, ma a un'antica ninna nanna di cui però non riesco a ricordare le parole.

capitolo 25

ALBERICO'S POV

Impossibile da credere. Lei, Beatrice, ha preso un aereo ed è venuta qui solo per me, solo per farmi una sorpresa. È incredibile.

Nessuno ha mai fatto una cosa del genere per me, più di ottocento chilometri solo per stare tra le mie braccia. Nessuno. Ma lei sì.

Non riesco a spiegare quello che provo quando mi giro e la vedo lì, seduta sul mio letto, con gli occhi lucidi e quel sorriso che mi manda fuori di testa. Non me lo sarei mai aspettato, è stata brava a organizzare tutto in gran segreto!

E, soprattutto, non riesco a spiegare a parole cosa provo quando si alza e mi salta letteralmente addosso, abbracciandomi. Quando allaccia le gambe intorno al mio bacino per non cadere, la stringo a me il più forte possibile. Così forte da non farla respirare. Come se avessi paura che qualcuno potesse portarla lontano da me. Soprattutto quando uniamo le nostre labbra e, improvvisamente, ci ritroviamo sul mio letto. Non ho mai provato queste emozioni, mai. La voglia di spogliarla e di farci l'amore per tutta la notte è davvero troppo forte, ma posso aspettare. Aspetterò finché lei non si sentirà pronta. Aspetterei anche tutta la vita per lei. Perché per lei ne vale la pena.

**

BEATRICE'S POV

Vorremmo starcene così, da soli e abbracciati, per tutta la serata, ma la madre di Alberico bussa alla porta e ci avvisa che a breve sarà pronta la cena e non possiamo che arrenderci. Ci diamo un ultimo lunghissimo bacio prima di alzarci dal letto e uscire dalla stanza.

In realtà, in questo momento non ho alcuna voglia di mangiare. Da stamattina mi si è chiuso lo stomaco. Prima per la preoccupazione che magari all'ultimo momento mia madre avrebbe potuto subodorare qualcosa e scoprire che in realtà non sarei affatto partita insieme a Giovanni, poi per quello che sarebbe successo all'arrivo. Volevo riuscire a fare una vera sorpresa ad Alberico e temevo che forse nel frattempo sua madre gli avesse rivelato qualcosa. Invece no, per fortuna è andato tutto esattamente secondo i miei piani. Poi quella canzone. Il ricordo di Francesco che sembra quasi un fantasma che mi insegue ovunque vada.

E ora…

Ora l'unica esigenza che ho è di stare accanto ad Alberico, al mio amore. Tutto il resto può attendere.

Ma non voglio sembrare scortese e non gli rivelo nessuno dei miei pensieri. Basta uno sguardo per intendersi: anche lui preferirebbe starsene da solo con me, ma non può certo deludere i suoi genitori.

Una vibrazione dello smartphone mi strappa a tutte le mie riflessioni. Controllo il cellulare e vedo che Giovanni mi ha scritto un messaggio: «Hey Bea, tutto bene? Ho detto alla mamma che siamo arrivati e che dopo le farai uno squillo, non ti dimenticare... se ti chiede di me, dille che sono impegnato con Sara ☺».

Gli rispondo un laconico «Ok» e dico ad Alberico: «Devo chiamare un attimo a casa e arrivo».

Lui esce e mi lascia da sola. Il telefono di casa squilla a vuoto e il cellulare della mamma anche… le mando un SMS per dirle che va tutto bene e che ci sentiamo domani. Meglio così, preferisco dirle il minor numero di bugie possibile, e scrivere una menzogna è più facile che pronunciarla ad alta voce.

**

Così eccoci qua, seduti a tavola.

La famiglia di Alberico è eccezionale, mi trattano come se fossi di casa e come se mi avessero già ospitato mille altre volte. E la cena sembra un banchetto di una cerimonia di gala. A tavola non manca niente: involtini di melanzane, peperoni ripieni, parmigiana… una carrellata di sapori che avevo sempre e soltanto immaginato davanti alla TV, in una di quelle sere in cui ho guardato *MasterChef* insieme alla mamma. Tuttavia, quando mi rendo conto che quella che a me sembrava una cena completa è in realtà soltanto la parte degli antipasti, ormai è troppo tardi: ho già riempito il piatto (e la pancia) di delizie anche ben oltre il mio appetito! Aiuto!

Alberico capisce che mi trovo in difficoltà e mi strizza l'occhio, poi appena sua mamma si alza per riporre sui fornelli spenti una teglia di pasta dopo aver servito il bis – che io educatamente ho tentato di rifiutare – Alberico scambia i nostri piatti e… insomma, va a finire che gran parte di quello che non riesco più a mandare giù (peccato, è tutto buonissimo e vorrei avere giorni e giorni per assaggiare ogni pietanza) se lo mangia lui.

La cena e il dopocena, tra caffè e frutta, trascorrono

nella più assoluta tranquillità. Ridiamo e scherziamo e all'improvviso mi ritrovo a pensare che vorrei che fosse così sempre, anche a casa, e che lo era prima che iniziassero tutti quei battibecchi per le continue partenze di mio fratello Giovanni.

Finito di mangiare, mi alzo e aiuto la mamma di Alberico a sparecchiare e lavare i piatti: come in una catena di montaggio, lei li lava e io e Alberico li asciughiamo. Soltanto quando abbiamo terminato, lei ci rivela che avrebbe potuto mettere tutto nella lavastoviglie... ma aveva ancora voglia di un po' di compagnia. I genitori di Alberico ci propongono di guardare la televisione insieme a loro e per fortuna Albe riesce a districarsi.

«Volevo portare Beatrice a vedere il mare di sera» dice, e con questa scusa possiamo allontanarci e starcene un po' per conto nostro. Al mare però non ci arriviamo...

**

Appena siamo in strada, Alberico mi chiede di chiudere gli occhi e di giurare e giurare ancora che non li aprirò fino a quando non saremo arrivati. Mi sforzo di mantenere la promessa mentre, tenendomi per mano, mi conduce tra le vie della città. Procediamo così, ridendo e scherzando, lui mi stringe fortissimo la mano destra nella sua mano sinistra e mi guida con la voce dicendomi di evitare un palo, di scendere dal marciapiede, di fermarmi. Intorno a noi i suoni della notte, i gatti che miagolano, le auto che sfrecciano veloci. Capisco che stiamo andando verso una zona più isolata e tranquilla.

Credo che siano passati sì e no dieci minuti quando finalmente ci fermiamo e posso aprire gli occhi.

Siamo in una specie di prato con uno strano recinto. Almeno, questo è tutto quello che vedo alla luce della mezzaluna che splende in cielo.

«Aspetta» mi dice Alberico e si allontana.

Pochi attimi dopo, davanti a me si materializza uno spettacolo favoloso.

Una miriade di lucine, come quelle degli alberi di Natale, risplende intorno alla sagoma di un'auto d'epoca.

«Ma cosa...» riesco a dire.

«Era una vecchia Cinquecento che volevano rottamare. Allora l'ho un po' trasformata.»

Voltandomi, mi rendo conto che non siamo poi molto distanti da casa sua, questo dev'essere il giardino che si vede dalla finestra.

«Non avevo mai visto questo posto nei tuoi video.»

«Non lo metto nei video, qui c'è... insomma, è un posto tutto mio. Un posto segreto. Quando cerco una nuova idea mi piace venire qui. Le luci mi fanno sentire a casa e al tempo stesso...» si interrompe per entrare nella macchina e lo sento trafficare con qualcosa, poi mi accorgo che ha aperto il tettuccio decappottabile.

«Se mi metto qui al posto del guidatore posso guardare le stelle e nessuno mi disturba. E mi piace sempre immaginare che da qualche parte anche la mia anima gemella sta guardando quelle stesse stelle. Oggi non c'è bisogno di immaginarlo, però, perché tu sei già qui.»

Mi porge una mano e mi siedo accanto a lui. Mi continua a stringere la mano e mi bacia. Vorrei che questo bacio non finisse mai e al tempo stesso... non vorrei che accadesse tutto troppo in fretta. Anche se da mesi ci parliamo al telefono, di persona ci siamo visti così poche volte che ho l'impressione che la distanza fisica tra noi sia un ostacolo reale, concreto. Un ostacolo che è più forte dei miei sogni e dei miei desideri. Un ostacolo che per il momento non riesco a superare. Così, quando Alberico mi appoggia una mano sul ginocchio e la fa risalire lungo la coscia, delicatamente gliela sposto. Non c'è bisogno di aggiungere altro.

«Lo sai che ti aspetterei per sempre» mi sussurra dandomi un bacio sul collo per poi staccarsi da me.

Ce ne stiamo abbracciati a guardare le stelle. Non capiamo assolutamente nulla di costellazioni, perciò va a finire che dobbiamo cercare su Internet per capire quale sia l'Orsa Maggiore e quale l'Orsa Minore.

«Ma non le chiamerei più così» dice Alberico. «Le chiamerei Beatrice e Alberico.»

«E qual è Beatrice e quale Alberico?» gli chiedo senza prenderlo troppo sul serio.

Scoppiamo a ridere e ci guardiamo ancora una volta occhi negli occhi.

Vorrei restare qui per sempre. Non è poi così impossibile come desiderio, no?

Passiamo il resto della serata a baciarci. Facciamo anche un video in cui però, illuminati soltanto dalle lucine di Natale, sembriamo i protagonisti di uno di quei film con i fantasmi e gli strani fenomeni paranormali.

«Bea Witch Project» scherza Alberico ridendo durante l'ultima ripresa. So che in realtà questi video saranno preziosissimi una volta che ci saremo salutati. Non avrà nient'altro a ricordargli questi momenti. E per me sarà lo stesso. Potrà guardare queste immagini, quando avrà bisogno di me.

Magari tutte le serate fossero così, con il ragazzo che amo al mio fianco.

Se solo non ci dividesse tutta quella distanza.

Se solo potessimo stare sempre insieme, come gran parte degli innamorati.

capitolo 26

ALBERICO'S POV

Una volta tornati a casa, ci addormentiamo abbracciati verso le due del mattino, tra un bacio e l'altro e tra una risata e un'altra.

Una vita con Beatrice è la vita che voglio.

La mattina seguente, sono io il primo a svegliarsi.

È bellissimo vederla dormire con la testa sulla mia spalla, la mano appoggiata sul mio petto e le nostre gambe intrecciate. I suoi capelli biondi mi pizzicano il viso, quindi li sposto di lato.

Resto lì fermo, disteso a guardare il soffitto sopra il mio letto, fino a quando lei si muove piano e allunga il braccio, circondando il mio busto e abbracciandomi, stringendomi leggermente.

Abbasso lo sguardo e la osservo.

Si è svegliata e mi guarda con i suoi bellissimi occhi blu assonnati. È assolutamente adorabile.

Le sorrido e le do un bacio sulla testa, tra i capelli. Non c'è risveglio migliore di questo.

**

BEATRICE'S POV

La mattina mi sveglio in una camera che non è la mia. Non conosco questo letto né queste lenzuola. E poi, di chi sono questi piedi appoggiati accanto ai miei, chi c'è qui al mio fianco?

In un istante, ricordo tutto. Sono nella camera di Alberico, con Alberico. Lui è qui, sdraiato vicino a me e, a quanto pare, è sveglio. Alzo lo sguardo verso di lui e cerco di metterlo a fuoco, anche se sono ancora assonnata. Mi guarda e mi sorride, mentre mi stampa un bacio sulla fronte.

«Buongiorno, principessa» dice.

Mi stiracchio e mi stringo di più a lui.

Da quando se n'è andato da Milano, ho immaginato molte volte di svegliarmi e di trovarmelo accanto. E ora eccolo qui.

La camera è quasi completamente al buio, per colpa della persiana chiusa.

«Che ore sono?» domando.

Scrolla le spalle, segno che nemmeno lui lo sa.

Così mi alzo dal letto, dirigendomi verso la scrivania. Prendo il mio telefono, lo accendo e noto l'orario. Le 8:29. Solo? E io che pensavo fosse molto più tardi...

«Sono le otto e mezza» dico.

«È presto. Alle 11 andiamo al bar dove vado di solito con i miei amici, voglio farteli conoscere. Che ne pensi?»

«Per me va bene» rispondo, sorridendo.

Mi avvicino al letto e ci appoggio un ginocchio sopra, lasciando l'altra gamba a terra.

«E comunque, abbiamo ancora un sacco di tempo» dice con un sorriso, prendendomi la mano e tirandomi verso di lui.

Solo in quel momento noto che ha dormito con indosso soltanto i boxer, e a petto nudo.

Adesso il suo viso è a un centimetro dal mio. Mi bacia ed entrambi chiudiamo gli occhi. In questo bacio non c'è assolutamente nulla di innocente, è tutto tranne che questo. È un bacio passionale, in cui mettiamo tutto l'amore possibile. Potremmo continuare a baciarci all'infinito, ma d'un tratto il mio telefono inizia a squillare. Butto uno sguardo allo schermo: è mia madre. Devo rispondere.

Mi stacco da Alberico e premo il tasto verde per accettare la chiamata.

«Bea...» mi dice subito. «Scusa, ma ieri... non puoi capire, tuo padre ha perso il volo, io avevo una cena di lavoro, sai, per la fondazione dell'ospedale, e ho dovuto trovare una babysitter all'ultimo minuto... tu stai bene?»

«Sì, tutto bene... benissimo, mamma. Non ti preoccupare. Giovanni sa essere un bravo fratello maggiore.»

A queste parole, noto che Alberico mi guarda con un punto di domanda negli occhi. Certo, lui non sa cosa ho combinato per fare questa pazzia, non sa che ho rischiato grosso per essere qui insieme a lui... ma troverò il modo di spiegarglielo.

«Non preoccuparti per me, mamma, starò benissimo. Pensa al resto, qui va tutto bene, okay?»

«Ma certo, Bea. Per qualsiasi cosa, se per caso Giovanni... non lo so, se hai bisogno di me chiamami, chiaro?»

«Sì, mamma. Ciao.»

Quando riaggancio, Alberico resta a fissarmi per un po' prima di domandarmi come mai mia mamma è convita che io sia in giro con mio fratello.

«Il fatto è che... Albe, lo sai anche tu come sono i genitori. E poi sai come mi sta andando con i voti e tutto il resto... se gli avessi chiesto di lasciarmi partire per venire da te... a dire il vero, ci ho provato e non è andata molto bene, così... mio fratello si è offerto di darmi una mano.»

«Quindi tu sei qui mentre tua madre crede che ti trovi in Molise?»

«Esatto.»

«E non si tranquillizzerebbe nemmeno se parlasse con mia mamma? In fondo, siamo qui in casa con i miei genitori anche se… se preferirei mille volte…»

«Stai per dire qualcosa che mi farà arrossire?»

Alberico scuote la testa e poi, a sorpresa, mi bacia.

«A proposito, sbrighiamoci prima che mia madre venga a fare un'ispezione.»

Quando esco dalla stanza per andare a farmi la doccia, Rita è in cucina a fare colazione. Mi saluta e si alza, per darmi gli asciugamani. Alla fine mi consegna anche un bellissimo accappatoio rosa. «L'ho comprato per me, ma non l'ho ancora mai usato» aggiunge accarezzandomi i capelli, in un gesto che mi ricorda tanto mia madre. Poi mi chiede cosa preferisco per colazione. Non faccio in tempo a dirle che io e Alberico andremo al bar dove di solito lui si incontra con i suoi amici.

«Almeno un caffè lo prenderai, no?» mi dice, e mi rendo conto che se avessi degli ospiti farei lo stesso.

«Un caffè sì, grazie» rispondo sorridendo, e poi mi dirigo in bagno.

Quando ho finito di lavarmi, mi vesto con gli abiti che ho tolto dalla valigia: una maglietta a righe rosse e nere a mezza manica, i leggings neri e un paio di orecchini che mi ha regalato Chiara. *Portano fortuna*, penso tra me e me. Completo il tutto con un filo di matita e mascara ed esco dal bagno. Trovo Alberico lì ad aspettarmi. Mi accoglie con un fischio di ammirazione e un sorriso.

«E dove devi andare così? Sei troppo bella, devo per forza farti da guardia del corpo» mi sussurra, e poi è il suo turno di fare la doccia.

capitolo 27

Alle undici e un quarto io e Alberico varchiamo la soglia di quel bar, mano nella mano.

Ci sediamo a un tavolino, dove ci sono alcuni suoi amici, tra cui Michele e Nicola. Michele mi fa un cenno con la mano e mi mormora: «Benvenuta». Indossa una maglia nera della Adidas, una maglia che gli ho visto mille volte in foto, e si passa una mano tra i capelli castani corti, come per aggiustarseli. Gli rispondo con un semplice: «Grazie» e lui mi fa un sorriso a trentadue denti, indicandomi la sedia accanto a sé.

Nicola invece si alza e mi abbraccia. «Beatrice, finalmente ti vediamo in carne e ossa...» Mi fermo un istante a guardarlo: l'ho già visto in alcuni post con Alberico e di persona i suoi occhi sembrano ancora più azzurri.

Non mi aspettavo un'accoglienza così calorosa e anche

se mi sento un po' in imbarazzo, loro sono bravissimi ad aiutarmi a rompere il ghiaccio. In ogni caso, mi presento a tutto il gruppetto e poi iniziamo a fare colazione insieme.

Cioè, gli altri fanno colazione, e io resto a guardarli. Dopo la cena di ieri sera ho lo stomaco completamente chiuso.

Alberico invece ordina qualsiasi cosa gli venga in mente, come se non mangiasse da giorni. Sgrano gli occhi e lo prendo in giro. Almeno in questo non siamo proprio uguali...

**

Dopo aver fatto colazione, usciamo dal bar con i suoi amici e camminiamo per le strade di Bari. Oggi è una bella giornata di sole, a quest'ora comincia a sentirsi il vero caldo ma restiamo dal lato del marciapiede su cui i palazzi proiettano un po' di ombra. Non ero mai stata a Bari prima e vorrei poter restare qui a lungo, per conoscere meglio la città ed esplorarne ogni angolo insieme ad Alberico. Vorrei sapere qual è il suo locale preferito per trascorrere le serate, dove è andato all'asilo, dove giocava con i suoi amici quando era alle elementari, dove ha imparato ad andare in bicicletta, dove ha baciato una ragazza per la prima volta... no, forse questo preferisco non saperlo, sarei un po' troppo gelosa.

Come se avesse seguito il filo dei miei pensieri, all'improvviso Alberico dice: «Ragazzi, mi sa che io e Bea ce ne andiamo. Vorrei passare un po' di tempo da solo con lei. Sapete, non voglio sprecare nemmeno un secondo del nostro tempo insieme».

I suoi amici sorridono e gli danno dei leggeri schiaffi dietro il collo.

«Da quando state insieme è diventato schifosamente dolce, Bea» commenta Nicola, ridendo.

Rido anche io e guardo Alberico, che ora è tutto rosso.

Oddio, è così bello. Gli stampo un bacio sulla guancia e prendo la sua mano, stringendola nella mia.

«Okay, vi lasciamo soli. Beatrice, te lo affidiamo, trattalo bene, mi raccomando!» dice Michele, poi ci saluta e se ne va via insieme agli altri, svoltando in una delle tante traverse.

Mi metto davanti ad Alberico e sorrido.

«Allora non sono l'unica a rendermene conto. Sei bellissimo quando arrossisci, amore» dico e appoggio una mano sulla sua guancia.

In quel momento mi rendo conto che ci troviamo effettivamente per strada, mano nella mano, i nostri visi a un centimetro di distanza l'uno dall'altro, e io gli sto accarezzando la guancia. Non è un sogno, è tutto vero. Ci comportiamo come due innamorati qualsiasi. Come se nessuno potesse vederci, come se Alberico non fosse famoso in tutta Italia. Come se i fan non potessero notarci.

Entrambi sappiamo che qualcuno potrebbe riconoscerlo, ma a lui pare non importare. E a questo punto, non importa nemmeno a me.

A parte il fatto che non siamo proprio in mezzo a una strada piena di gente, ma in una viuzza alquanto appartata, dove non passa quasi nessuno.

Alberico si avvicina e mi stampa un bacio sulle labbra. Appoggia le mani sui miei fianchi e mi tira ancora di più a sé, come se volesse fonderci in un abbraccio. La mia mano dalla sua guancia passa ad accarezzargli il collo.

Non riesco a credere a quello che sta succedendo. Soprattutto, non riesco a capacitarmi del fatto che stia succedendo proprio a me. Con il passare dei giorni, i momenti che abbiamo trascorso insieme a Milano sono diventati qualcosa di strano, alle volte ho avuto l'impressione che niente fosse reale, quasi che me li fossi immaginati. E lo stesso per i baci. I primi giorni dopo la sua partenza continuavo a rivivere quegli istanti e quelle sensazioni, che però a poco a poco si sono affievoliti e trasformati in ricordi. Adesso eccomi qua: nuovi baci che diventeranno nuovi ricordi, nuovi momenti insieme.

Per il resto della mattinata passeggiamo tra le vie della città. Incontriamo anche alcune delle sue fan, che stranamente non fanno domande vedendoci camminare mano nella mano. Meglio così, in ogni caso non saprei cosa rispondere, e la stessa cosa vale per lui.

A pranzo andiamo a rintanarci in uno dei nostri adorati fast-food, ormai è un'abitudine. Entrambi adoriamo quel cibo e, se potessimo, ci nutriremmo sempre e soltanto di patatine fritte e hamburger pieni di ketchup e maionese.

Ridiamo un sacco, come se fossimo migliori amici. E, secondo me, non c'è niente di meglio al mondo. Sono del parere che essere innamorati non significa solo scambiarsi baci e carezze, ma anche ridere, confidarsi e prendersi in giro. In una parola: essere complici. Complici nell'amore. Capirsi con uno sguardo. Condividere gli stessi pensieri. E io e Alberico facciamo tutto questo: non potrei esserne più felice.

Nel pomeriggio ci rifugiamo a casa, chiusi in camera sua, al riparo dal mondo intero. Abbiamo un sacco di tempo arretrato da recuperare.

Albe mi lascia il suo iPhone, così entro su Twitter.

Ha tantissimi messaggi da parte delle fan e un sacco di tweet in cui in molte lo pregano di seguirle. Decido di accontentarle.

Alla fine mi ritrovo a seguire più fan possibili e a rispondere ad alcune di loro. So quanto possa essere importante per ciascuna questo semplice contatto. Non ho dimenticato che anche io ero una di loro.

Alberico si volta a guardarmi e mi sorride.

«Cosa fai?» mi domanda.

Mi giro e lo guardo a mia volta, bloccando il telefono. Appoggio la testa sul suo petto e mi stringo forte a lui.

«Forse, ma dico forse, ho reso felici un bel po' di fan» rispondo.

Lui sorride e mi stringe ancora più forte a sé. Mi dà un bacio tra i capelli. Un tenerissimo bacio. Vorrei che questi momenti non finissero mai. Vorrei poterlo avere accanto a me in questo stesso modo ogni singolo giorno della mia vita.

«Ho la ragazza migliore del mondo. Sono fortunato ad averti» dice.

«E io sono fortunata ad avere te» rispondo mentre gli sorrido.

**

La sera ceniamo un'altra volta insieme alla sua famiglia. Mando a Giovanni le fotografie di alcuni dei manicaretti preparati dalla mamma di Alberico e lui gira le foto alla nostra mamma, in una chat di gruppo con me, scrivendole: «Vera cucina molisana.» Non starà un po' esagerando con le bugie? Capisco che però lo fa per proteggermi, perché anche lui sa benissimo quanto sia difficile una storia a distanza, e quindi da bravo fratello maggiore a suo modo vuole aiutarmi per quanto gli è possibile.

Dopo aver cenato, io e Alberico usciamo da soli e, verso le undici, decidiamo di andare in spiaggia.

Anzi, è Alberico a proporlo e io accetto volentieri. Finora non mi è mai capitato di trascorrere una serata in riva al mare con il mio ragazzo. Cosa ci può essere di più romantico?

Ci togliamo le scarpe e, mano nella mano, ci inoltriamo sulla sabbia.

Sembra il paradiso.

La sabbia è fresca, il mare calmo, il cielo illuminato da una mezzaluna perfetta. In questo momento ci siamo solo noi due, il resto non conta. Ci sediamo sulla sabbia, e io appoggio la testa sulla sua spalla, mentre lui mi accarezza il palmo della mano.

Dopo aver passato un po' di tempo in silenzio, ad ascoltare solo il rumore delle onde, Alberico si alza scrollandosi la sabbia di dosso. Lo fisso senza capire che intenzioni abbia.

Lui se ne accorge e scoppia a ridere.

«Sentiamo un po', cos'ha voglia di fare ora la tua mente malata?» dico sorridendo, osservandolo in piedi davanti a me.

«La mia mente malata, come dici tu, ha voglia di buttarsi in mare con te» risponde, ricambiando il sorriso.

Cosa? Ma è completamente impazzito!

«Stai male o cosa?! Insomma, è quasi mezzanotte, per quale motivo dovrei buttarmi con te in acqua? E poi, sai che non amo il mare» concludo, ed è vero: io e il mare non siamo mai andati molto d'accordo. Preferisco mille volte l'acqua della piscina, anche se sa di cloro.

«Lo faccio proprio per questo: tu non puoi *non* amare il mare» dice prendendomi in giro. E poi aggiunge quasi supplicandomi: «Dai, amore, ti prego!»

Scuoto la testa ridendo. Non ho alcuna intenzione di buttarmi con lui in acqua!

«Bene, allora ti ci porterò io» mi minaccia.

Non faccio in tempo ad alzarmi per impedirgli di prendermi, che mi ritrovo in un batter d'occhi imprigionata tra le sue braccia: mi carica sulle sue spalle come un sacco di patate e ridendo mi porta verso l'acqua.

Inizio a tirare calci al vento per scendere.

«No, Albe, no! Dai, ti prego, lasciami! Mettimi giù! Scemo!» dico ridendo.

Lo sento ridere più forte, e mi si riempie il cuore di gioia. Amo vederlo così felice e amo la sua risata.

Un attimo dopo mi ritrovo nell'acqua gelida. Mi alzo in piedi e urlo con tutta la forza che ho in corpo, girandomi verso Albe.

«Tu! Come hai osato!» strillo, cercando di restare seria e di fare la dura.

Ma è davvero impossibile non mettersi a ridere cogliendo il suo sguardo divertito. Lo spingo per le spalle e anche lui cade in acqua. Ora sì che sono soddisfatta.

«Ho una ragazza davvero stupida» dice, non riuscendo a smettere di ridere.

«E io un ragazzo ancora più stupido» concludo, mentre lui si alza e si avvicina a me, cingendomi i fianchi con le mani.

I nostri visi sono dannatamente vicini e mi si blocca il respiro.

«Ti amo, stupida» dice, a un centimetro dalla mia bocca.

«Ti amo, stupido» sorrido.

E poi fa scontrare le nostre labbra, in uno dei baci più belli che io abbia mai ricevuto.

capitolo 28

La mattina seguente mi sveglio con il sorriso già stampato sulle labbra. È tutto così bello che sembra un sogno. Alberico e io siamo davvero andati a fare il bagno di mezzanotte insieme, ed è stata una delle notti più romantiche della mia vita. Una volta rientrati, per scaldarci abbiamo aperto una bottiglia di vino rosso e, insomma, ancora un po' infreddoliti ma quasi ubriachi siamo andati a dormire, e la stanchezza ha avuto il sopravvento quasi subito.

Abbiamo dormito fino a tardi e i genitori di Alberico sono già usciti. Ci laviamo e ci vestiamo e, come il giorno precedente, andiamo al solito bar dove ci aspettano i soliti amici. Proprio così, due giorni ed è già diventato tutto familiare. Ho l'impressione di essere già stata qui molte volte, di esserci sempre stata nella vita di Alberico… e so che mi capitava anche con Francesco, so che questa strana sensazione – una specie di "ritorno a casa" in un posto in cui in realtà non si era mai stati – è uno dei tanti, bellissimi effetti collaterali dell'amore.

Entriamo nel bar mano nella mano e, appena ci vedono, tutti i suoi amici ci sorridono. Ci sediamo a un tavolino, alle uniche due sedie vuote.

«Allora, com'è andata la serata?» ci saluta Michele, con un'espressione maliziosa.

«Ci dovete raccontare qualcosa?» si intromette Nicola, reggendo il gioco all'amico.

«Ma fatti gli affari tuoi!» si innervosisce Alberico.

Lo guardo e arrossisco un po', poi abbasso gli occhi sulle mie mani. Ho capito a cosa si riferiva Nicola, ma dobbiamo proprio stargli a spiegare che non è successo niente?

«Dai, Nico, non insistere!» dice Michele ridendo, dando un piccolo schiaffetto dietro il collo di Alberico. «Lo sai che Alberello ci tiene alla privacy!»

«Grazie, eh» commenta Alberico ironico. «Comunque guarda qua» aggiunge aprendo una schermata sul cellulare. Vedo che è la pagina di un evento su Facebook, una festa, e leggendo la data e il luogo mi rendo conto che sarà pochi giorni dopo la mia partenza. Una festa a cui io non potrò partecipare.

Alcuni dei ragazzi iniziano a fischiare, altri ridono dandosi di gomito, e io resto a guardarli sentendomi un po' esclusa. Cos'avrà di così speciale questa festa?

«È la serata in cui il nostro amico Gianni debutta come DJ» mi spiega Michele. «Cavoli, non me lo voglio perdere.»

«Già, neanche io» commenta Alberico. Poi, forse perché vede l'espressione triste sul mio viso, decide di cambiare discorso. «Ragazzi, allora, vogliamo ordinare o vogliamo parlare di Gianni *digggge*i?» dice, calcando la pronuncia delle G oltre il necessario in un modo buffo, che mi fa tornare il sorriso sulle labbra.

Ha davvero notato il mio cambio di umore, e lo ringrazio per questo. L'intesa tra noi a volte è così commovente...

Facciamo un cenno al barista e ordiniamo cappuccini e cornetti. Mangiamo tranquillamente, fino a quando il telefono di Alberico si illumina.

Dato che lui è troppo occupato a parlare con Michele, decido di allungare il braccio e di prendere il suo iPhone per vedere chi gli abbia mandato un messaggio.

Non l'avessi mai fatto.

Lo sblocco e spalanco gli occhi quando leggo il nome di Melissa.

Ancora lei? Ma cosa vuole?

Mi affretto ad aprire il messaggio.

Il respiro si blocca e il mio cuore smette di battere. Sento gli occhi diventare lucidi nel leggere quello che c'è scritto.

Melissa: Quando riparte la tua fidanzatina milanese? Sono sicura che con me ti sei divertito di più ☺

Una lacrima scende dai miei occhi, mentre continuo a leggere e rileggere quel messaggio.

Alberico si accorge che qualcosa non va, tanto che mi scuote con delicatezza il braccio.

«Beatrice, stai bene?» mi domanda, evidentemente preoccupato.

Non rispondo, continuo a fissare lo schermo del suo telefono.

Un'altra lacrima bagna il mio viso.

«Oddio, Beatrice, stai piangendo. Cos'hai?» chiede e cerca di guardarmi in faccia, ma mi sposto.

«Non provare a toccarmi!» dico, alzando la voce.

Tutti si girano verso di noi, con gli sguardi confusi. Soprattutto i suoi amici, che non riescono a capire cosa stia succedendo.

«Ti calmi e mi dici cosa ti prende?» mi chiede, tentando di nuovo di incrociare il mio sguardo.

«Calmarmi? Calmarmi? Oddio, non ci posso credere. Ecco cosa mi prende» dico alzando ancora di più la voce, mentre altre lacrime mi scendono inarrestabili dagli occhi.

Gli avvicino il telefono al viso, per fargli leggere il messaggio. Lui rimane spiazzato.

«Amore, posso spie...» mormora, mentre prova a prendermi la mano.

Scatto in piedi, scuotendo la testa. «Ti ho detto che non devi toccarmi!»

«Bea...» mi prega Alberico, e lo guardo negli occhi. Mi sta supplicando, ma non mi importa. Sono troppo arrabbiata per starlo ad ascoltare. Così me ne vado.

L'unico a seguirmi è Nicola. Vuole provare a calmarmi.

«Dove abita questa stronza?» gli chiedo.

Lui non risponde, almeno non subito. Ma poi si convince. «Okay, Bea, va' da lei. Parlale e capirai che è tutto un equivoco. Alberico è innamorato cotto di te» conclude rivelandomi l'indirizzo di Melissa.

Perfetto. Imposto il navigatore e cerco di capire come posso arrivarci, più in fretta possibile.

«Ti accompagno io» propone Nicola come se avesse letto nei miei pensieri. «Sei troppo sconvolta per andare in giro da sola!»

**

Mi stringe forte e mi appoggio alla sua spalla, dando libero sfogo alle lacrime. Mi accarezza la schiena dicendomi che tutto si risolverà, ma io non ne sono così sicura.

In fondo, mi è accaduta una cosa molto simile con

Francesco, solo che lui l'ho colto sul fatto. E se non ho perdonato Francesco, non perdonerò nemmeno Alberico. Se mi ha tradita, mi ha persa per sempre. I tradimenti non possono essere perdonati. Io la penso così.

Iniziamo a camminare e il navigatore dice che mancano venti minuti dalla destinazione.

Dopo venti minuti esatti in effetti arriviamo in un quartiere enorme, pieno di palazzi grigi e anonimi.

«Sai dove sta di preciso?»

«Vieni con me» risponde Nicola e, tirandomi per un braccio, mi conduce sotto il suo palazzo.

Bene, ora in qualche modo avrò le risposte alle mie domande. O la mia vendetta.

«Puoi lasciarmi sola?» domando e lui, dopo avermi abbracciato, si allontana facendo come gli ho chiesto.

Suono al citofono, e dopo qualche secondo risponde la voce di una donna. Probabilmente è la madre.

«Scusi, signora, Melissa è in casa? Avrei bisogno di parlare con lei, può farla scendere? Sono... una sua compagna di scuola» dico a fatica, mentre cerco di non far capire alla signora che sto piangendo.

«Sì, certo, ora scende» risponde la donna.

Qualche minuto dopo il portone si spalanca e mi ritrovo davanti una bella ragazza, una ragazza che ho odiato e continuo a odiare con tutta me stessa.

Indossa dei pantaloncini che non sembrano pantaloncini, ma mutande. Insomma, ho capito che genere di ragazza è... una di quelle che si sentono come se fossero sempre sul punto di fare una sfilata di moda.

«E tu chi saresti?» mi chiede, scrutandomi da capo a piedi.

«Quella a cui vorresti rubare il ragazzo» dico, cercando di non far uscire altre lacrime.

«Ah, tu sei Beatrice, giusto?» domanda, con tutta la calma possibile.

Annuisco. «Ti chiedo solo una cosa. Per favore, dimmi la verità. Dimmi cosa è successo tra te e Alberico, dimmi se...»

«Ma a te che importa, scusa?»

«Lo sai benissimo. Io e lui stiamo insieme!»

«State insieme? Be', questo è strano perché tra noi qualcosa è successo. Ma non quello che pensi tu.»

«Non è successo quello che penso io? Che cosa vuol dire?» ribatto e il mio tentativo di non piangere ormai è completamente fallito.

Mi ritrovo a passarmi nervosamente le mani tra i capelli, mentre le lacrime scorrono veloci sul mio viso.

«Vuoi sapere tutti i dettagli? Ne sei proprio sicura?» dice ancora una volta sorridendo, probabilmente per stuzzicarmi.

«Sei una stronza!» Ormai non riesco più a trattenermi. Sono gelosa, gelosa marcia.

«Prima di tutto calmati, tesoro. E poi cosa vuoi che ti dica? Io e Alberico siamo amici. C'è tanta sintonia tra di noi, davvero tanta. E sai come succedono certe cose, no?»

Melissa smette di parlare e mi fissa, un sorrisetto ironico ancora stampato sulla faccia. Vuole lasciare tutto alla mia immaginazione, e il suo gioco sta funzionando benissimo.

In un istante, penso a lei con Alberico: a lei che bacia Alberico, ad Alberico che ricambia il suo bacio proprio come ha fatto con me ieri notte. E più penso a tutto ciò, più mi ritrovo a piangere.

Ormai ho perso completamente il controllo. Scappo via tra i singhiozzi, la vista annebbiata dalle lacrime.

Finché non sento qualcuno che mi trattiene da dietro. È Alberico. Le sue braccia mi stringono forte, le sue mani mi accarezzano i capelli.

«Lasciami!» Cerco di urlare e di opporre resistenza. «Cosa ci fai qui?»

«Ti ho seguita, e grazie al cielo che l'ho fatto!» mi risponde lui senza mollare la presa. Ma io lo spingo via per allontanarlo.

«Tornatene tra le braccia dalla tua *amica*, e lasciami stare!» urlo, girandomi e correndo via.

Dopo un po', soffocata dalle lacrime e con il fiato corto, non posso fare a meno di sedermi su un marciapiede, continuando a piangere. Tutto questo non può essere vero.

capitolo 29

ALBERICO'S POV

La mia più grande paura è diventata realtà. Sto per perdere l'amore della mia vita, e tutto per colpa di un equivoco.

Certo, Melissa e io siamo usciti insieme qualche volta. E sì, ci siamo baciati quel pomeriggio in spiaggia, è vero. Ma non ha significato niente. Per me Melissa è sempre stata solo un'amica, e se lei si è fatta delle illusioni, non è colpa mia. Non può essere colpa mia.

Beatrice esce dal bar e Nicola cerca di seguirla, ma sono io a bloccarlo.

«Cosa stai cercando di fare?» dico, sforzandomi di restare calmo.

«Sei un amico, ma devo dirtelo lo stesso. Quanto pensavi di poterlo tenere nascosto? Non la lascerò andare da sola, scordatelo» conclude e, dopo queste parole, si gira e se ne va via con lei. Con la mia Beatrice.

Mi siedo con il cuore spezzato, lo sguardo perso nel vuoto, fino a quando non sento una mano appoggiarsi sulla mia spalla.

Alzo la testa e capisco che si tratta di Michele. Lo guardo negli occhi e singhiozzo.

«Perché non la segui? Va' da Bea. Parlale e prova a riconquistarla» dice, incoraggiandomi con dei colpetti sulla schiena.

Ha ragione lui, non posso arrendermi. Così mi faccio forza ed esco a cercarla. Sono sicuro che stia andando da Melissa. Vorrà sentirsi dire la verità, vorrà affrontarla di persona. Ormai la conosco fin troppo bene.

Quando arrivo sotto casa di Melissa, mi blocco: già da un paio di isolati posso vedere una scena che non mi piace per niente. Bea e Melissa sono una di fronte all'altra, stanno litigando. Poi Bea scappa via piangendo.

In un attimo sono lì. Le afferro una mano e la trattengo, stringendola a me. Ma lei è fuori di sé, la gelosia l'ha completamente accecata. Appena si accorge di essere tra le mie braccia, inizia a piangere ancora più forte e a tirare calci al vento.

«Lasciami!» urla. «Cosa ci fai qui?»

«Ti ho seguita. E grazie al cielo che l'ho fatto!» le urlo contro a mia volta.

Non so perché lo faccio, perché da un lato non condivido

la sua rabbia ma dall'altro la capisco fin troppo bene: è così che mi sentivo quando l'ho pensata insieme a Francesco. Insomma, so che Bea ha tutte le ragioni per fare ciò che ha fatto, per essere infuriata con me.

In risposta lei mi dice solo: «Tornatene tra le braccia della tua *amica*, e lasciami stare!» E poi scappa via.

Rimango immobile come una statua di sale.

Non ho mai visto Beatrice così, mai. Non sembra nemmeno lei.

Ho seriamente bisogno di parlarle. Sono sicuro che lei per il momento non abbia molta voglia di ascoltarmi, ma in ogni caso farò un tentativo. Devo spiegarle cos'è successo e perché l'ho fatto.

Intanto, Melissa si avvicina e mi guarda con gli occhi pieni di rabbia.

«Hai visto» mi dice «quanto siamo amici, lo hai capito adesso?!»

La scruto da capo a piedi senza capire cosa sia successo e come mai lei sia tanto arrabbiata con me, al punto da avermi mandato quel messaggio. Un messaggio senza senso, perché tra noi non c'è mai stato niente, niente di reale. Non l'ho mai illusa. Non l'ho presa in giro. Anche quel giorno, quando siamo tornati dal mare, le ho spiegato che per me era stata una bellissima giornata, ma che non sentivo niente dentro di me. Certo, avevo sperato che come per magia la ragazza più vicina, la più raggiungibile, diventasse il mio grande amore. Ma non ho alimentato nessuna illusione, non volevo essere crudele con lei, Melissa non se lo merita.

«Cosa vuoi?» le domando. «Te l'ho sempre detto che tu per me sei una carissima amica... ma soltanto...»

«E io ti ho sempre detto che anche per me tu sei un amico, un caro amico. Lo so, Alberico, ma mi sbagliavo... quando ho saputo che *quella* era qui a Bari, ti giuro che... non ci ho visto più, non so cosa...»

«Mi dispiace, Melissa, non è così che doveva andare. E *quella*, come la chiami tu, è la ragazza di cui sono innamorato.»

Ecco, finalmente l'ho ammesso ad alta voce.

Intanto, però, mi sembra di essere finito in un casino impossibile da risolvere.

Me ne vado e inizio a passare al setaccio il quartiere, strada per strada, un passo dopo l'altro; devo trovarla.

«Dove vai?» mi urla Michele quando mi incammino.

«Da lei!» urlo in risposta, senza però voltarmi.

Nel frattempo non riesco a smettere di tormentarmi.

Ripenso al suo sguardo quando ha letto quel messaggio, alle sue lacrime, al modo in cui mi ha urlato di non toccarla. E poi ripenso alla notte precedente, alla notte più bella della mia vita. Sento solo una frase che mi sale alle labbra: *Beatrice, ti amo.*

Ti amo. E ora ho rovinato tutto.

Perché proprio adesso? Perché ho dovuto deluderla come quel bastardo del suo ex?

Mi sento un bastardo.

Ma io *sono* un bastardo.

Dopo aver girato e rigirato per tutte le strade del quartiere, la trovo.

Se ne sta lì, seduta su un marciapiede, dietro una macchina, con le ginocchia piegate e le mani davanti al viso. La guardo per un po', prima di avvicinarmi a lei.

Anche in queste condizioni, così affranta e triste, le guance rigate di lacrime, è comunque bellissima. E mi si spezza il cuore a sapere che sta piangendo per causa mia.

Dovresti farla ridere, non piangere. Bastardo, dice una voce dentro di me. E ha ragione.

Prendo coraggio e mi siedo accanto a lei. Non so come faccia, ma anche senza guardarmi capisce che sono io.

«Lasciami sola, ti prego» dice, con la voce rotta dal pianto.

«Bea, per favore, vorrei solo spiegarti...» inizio, ma lei mi interrompe.

«Cosa c'è da spiegare? Non lo ripetere, perché lo so benissimo. Io mi sono fidata di te, mi sono fidata completamente e tu lo sai. Ti ho donato ogni cosa di me, dalla più piccola alla più grande. Te ne avevo parlato. Ti sei comportato esattamente come Francesco. E non c'è nulla che io possa fare per perdonarti, mi dispiace» conclude, mentre mi guarda negli occhi e le lacrime bagnano il suo bellissimo viso.

E a queste parole il mio cuore si ferma, all'istante.

«Dammi due minuti, Bea. Solo due minuti, per spiegarti com'è andata con Melissa, poi deciderai tu cosa fare.»

Lei si fissa le scarpe e, senza degnarmi di uno sguardo, annuisce.

«È successo tutto quel maledetto lunedì, dopo che avevamo litigato. Mentre parlavamo al telefono, era arrivato qualcuno. E quel qualcuno era Francesco. Non rispondevi più alle mie chiamate, ai miei messaggi e ti giuro, giuro che pensavo che tu fossi tornata insieme a lui. Semplicemente perché lui era la persona che prima amavi... E poi quel lunedì ho passato una giornata in spiaggia con Melissa. Ci siamo baciati, va bene, ma nient'altro... non lo so cosa avevo in mente, ma tu non rispondevi al telefono e io mi sono convinto che fosse meglio finirla lì, cercare l'amore altrove. Tutto qui, te lo giuro. L'ho portata al mare, Bea, tutto qui. Ma mentre la baciavo, è a te che pensavo, perché volevo che ci fossi tu lì con me in quel momento. Lei non ha contato nulla per me» dico, mentre i pochi ricordi di quella giornata mi attraversano la mente. Vorrei eliminarla per sempre. Vorrei che quella giornata in spiaggia non fosse mai esistita.

«Bea, ti giuro, te lo giuro. È stato solo uno stupido, stupidissimo errore. Quella giornata non ha contato nulla per me. Sei tu quella con cui vorrei fare queste cose. Ce ne stavamo in spiaggia e mi dava fastidio che tutti pensassero che Melissa fosse la mia ragazza. Lei è sempre stata una mia cara amica, ed è vero, fa la YouTuber e magari in apparenza abbiamo molte cose in comune, ma non provo niente per lei. Ho sbagliato a baciarla. Ho sbagliato a uscire con lei. E lei ha sempre saputo come stavano le cose tra noi. Ma non avevo idea che invece lei si fosse innamorata... E io... io... Ti amo, Beatrice. Ti amo tantissimo e non voglio perderti per uno stupido errore. Se è questo che ti preoccupa, voglio che tu sappia che io appartengo a te. Solo a te. Sono tuo. Solo tu puoi baciarmi, solo tu puoi avermi. Pensaci, ti prego» le dico. E quando finisco di parlare, una lacrima brilla sul mio viso.

capitolo 30

Continuo a guardarla aspettando una risposta. Una risposta che non arriva.

Improvvisamente lei si alza e mi si piazza davanti.

«Hai finito?» chiede.

«Ti ho detto tutto quello che avevo da dirti» rispondo, sollevando lo sguardo verso di lei con gli occhi lucidi.

«Bene» commenta, restando lì ferma.

Mi alzo di scatto e prendo la sua mano, tirandola leggermente verso di me.

Cerco di stringerla in un abbraccio, ma lei oppone resistenza.

«Perdonami» sussurro, supplicandola anche con lo sguardo.

Continuiamo a guardarci negli occhi, quando d'un tratto lei si avvicina a me e le nostre labbra si uniscono in un bacio a stampo. Mi accarezza teneramente una guancia.

«Ciao, Alberico» dice, prima di girarsi e di allontanarsi da me.

La guardo andare via.

«Promettimi che ci penserai» urlo per farmi sentire, ma lei non si volta nemmeno e continua per la sua strada, per poi sparire quando ha svoltato l'angolo.

E quel bacio? Che significato ha avuto quel bacio?

E ora cosa accadrà? Cosa ne sarà della nostra storia? Di noi?

L'ho persa per sempre?

**

BEATRICE'S POV

Mi allontano da Alberico. Sono confusa, non so cosa fare.

La spiegazione del perché l'ho baciato? Semplice, perché sono quasi sicura del fatto che quello sia stato il nostro ultimo bacio. E avevo bisogno di baciarlo un'ultima volta.

Continuo a pensare a quel messaggio, a Melissa e lui insieme.

Poi ripenso alle sue parole, alle sue lacrime, ai suoi «Ti amo». Ripenso alla notte precedente. Ripenso alla gelosia cieca che si è impossessata di me e a tutto il dolore che ho provato in un solo attimo.

La testa mi rimbomba e il mio cuore batte ancora troppo veloce.

Il mio cuore dice di perdonare Alberico, dice che lui mi ama, che io amo lui. La mia testa invece mi dice di smettere di amarlo, perché è un bastardo, perché mi ha solo usata. E il mio problema è appunto che io non riesco mai a seguire il mio cuore, proprio non ci riesco.

Sono troppo orgogliosa e mi odio, quanto mi odio per questo.

Provo a telefonare a Chiara per raccontarle tutto e per confidarmi, ma il suo telefono squilla a vuoto. Provo anche con il telefono di Alex, però nemmeno lui è raggiungibile. Purtroppo in questo momento devo fare a meno dei miei migliori amici.

Decido di fare due passi, di solito mi aiuta a schiarire le idee. Ma, per caso, incrocio Michele. Mi viene incontro e mi abbraccia.

«Ti va se andiamo a prendere qualcosa da bere?» mi chiede sorridendo. Capisco che sta tentando di aiutarmi, per come gli è possibile. Forse non ci siamo incontrati davvero per caso, forse mi ha seguita.

La mia voglia di stare in compagnia in questo preciso istante è pari a zero, ma per educazione accetto.

Magari mi farà bene parlare e sfogarmi con qualcuno.

Entriamo in un bar e ci sediamo a uno dei tanti tavoli.

Immediatamente arriva la barista e prende la nostra ordinazione. Io chiedo un frappè alla fragola mentre lui uno al cioccolato.

«Hai una faccia sconvolta» dice Michele, guardandomi attentamente.

«Ma dai?!» commento sarcastica.

Stiamo a lungo in silenzio, mentre io continuo a controllare il cellulare, in attesa che i miei amici mi richiamino, e mi sforzo di ricacciare giù le lacrime che mi serrano la gola, come se venissero a galla insieme al dolore che ho dentro al cuore.

La cameriera ci porta i frappè. Bevo un rapido sorso del mio. Michele continua a guardarmi e a non dire nulla.

Sospiro e appoggio il bicchiere sul tavolo.

«Ma insomma, come vuoi che stia? Alla fine stiamo parlando di un tradimento, no? Se uno ti bacia, ti dice che vuole stare per sempre con te, che non può fare a meno di te, e poi come se niente fosse bacia un'altra… come vuoi chiamarlo, alla fine? Tradimento» dico.

«Lo so, ma forse dovresti cercare di calmarti e parlare con Albe… voglio dire, io ti capisco ma…»

«Invece no, non puoi capirmi. So che sei dalla parte di Alberico perché è il tuo migliore amico, ma tu non puoi nemmeno minimamente immaginare quello che provo» dico, sentendo ancora una volta gli occhi diventare lucidi.

«Ti sbagli. Io non sono dalla sua parte, Bea. Quello che ti ha fatto è imperdonabile. Però devi ricordare che è successo quando ancora non stavate insieme. Tu eri a Milano. Lui era qui, e insomma... non mi dire che a Milano quando esci con i tuoi amici non incontri mai un ragazzo o qualcun altro che... qualcuno con cui vorresti... non ci credo...» ribatte Michele, cercando di farmi ragionare.

«Lo so, lo so. Noi non stavamo ancora insieme. Ma lui era già innamorato di me. Se mi ha tradito una volta, può farlo ancora. Dai, pensaci, se davvero mi amasse non sarebbe andato con quella.»

«Non lo farà. Lo conosco da una vita, so che quando è fidanzato non ha occhi per nessun'altra. Poi stiamo parlando di te, Beatrice. Sai quanto ti ama. Non l'ho mai visto così preso da nessuna. È davvero innamorato di te» dice guardandomi negli occhi.

«Io non so cosa fare, davvero. Da una parte vorrei perdonarlo mentre dall'altra vorrei solo non vederlo mai più. Invece devo stare qui ancora fino a domani.»

Sono sul punto di piangere e non voglio. Non voglio mostrarmi debole, soprattutto non davanti a uno dei suoi migliori amici.

Ma io *sono* debole.

«Bea, oddio no, non farlo» mi dice Michele con uno sguardo preoccupato.

Senza che io lo voglia, una piccola lacrima scende dal mio occhio destro e subito l'asciugo con il palmo della mano.

«Io... io non ce la posso fare, Michele. Dico davvero. È troppo da sopportare. Stargli lontano mi farà bene» concludo, mentre lentamente comincio di nuovo a piangere. Sono stanca di piangere, sono stanca di tutto. Ho bisogno di Alberico, ho bisogno solo di lui.

Proprio in quel momento, nella mia borsa il cellulare prendere a vibrare. Lo apro perché spero che sia Chiara, e al tempo stesso temo che possa essere mia madre, e trovo invece una marea di notifiche di Twitter.

Sono tutti tweet di Alberico.

@Albericoyes: Tutti possono sbagliare nella vita, per questo non dovremmo mai negare una seconda possibilità

@Albericoyes: Una seconda possibilità all'amore

@Albericoyes: Quando si trova il vero amore si è disposti a percorrere chilometri in ginocchio per un «Ti amo»

Leggendo i suoi tweet sento un nodo sciogliersi dentro di me.

Lui sa benissimo tutto ciò che ho messo a rischio per essere qui. Sa che, se i miei mi scoprissero, mi troverei davvero in grossi guai.

Arrivare qui per lui è stata una specie di dichiarazione d'amore da parte mia.

Proprio come quando lui è scappato da Torino per venire a Milano a incontrarmi di persona. Così come io ho avuto un momento di dubbio con Francesco, è legittimo che possa averlo avuto anche Alberico. Baci e carezze. E Melissa. Baci e carezze. Che non contano nulla. Respiro e fondo e cerco di asciugare via le lacrime.

«Bea, ascoltami. Non dire che ti farà stare bene, perché sia io che tu sappiamo che non è così. Adesso non staresti piangendo. Tu ci starai male, e anche lui. La cosa migliore per te e Alberico è stare insieme. Pensaci, sei sicura di voler perdere Alberico? Sei sicura di volerlo lasciare andare ora che lo hai finalmente trovato?» mi dice Michele.

Dio, quanto ha ragione.

«Non riuscirò più a fidarmi di lui come prima.» Scuoto la testa, cercando di scacciare le lacrime.

«Perché intanto non cerchi di perdonarlo? Sono sicuro che col tempo riuscirai a fidarti di nuovo di lui. Alberico ti ama e te lo ha dimostrato in tutti i modi: riuscirà anche a dimostrarti che merita la tua fiducia» mi sorride.

Ma chi voglio prendere in giro? Sto già cominciando a perdonarlo.

Semplicemente perché lui è parte di me e senza di lui crollerei.

«Allora?» mi chiede.

Rimango per un po' di tempo in silenzio, pensando e ripensando alle parole di Michele. E, alla fine, rispondo: «Voglio andare da lui».

capitolo 31

«Voglio andare da lui.»

Michele mi guarda e sorride, probabilmente anche lui ha capito che non riuscirò a restare arrabbiata ancora a lungo. Ormai senza Alberico non sono niente. Il nulla assoluto. Tutto dipende da lui. I miei sorrisi dipendono da lui, le mie risate, le mie lacrime. Io dipendo da lui. La mia vita dipende da lui.

Ci alziamo contemporaneamente dal tavolino in vetro e, dopo che Michele ha insistito per pagare nonostante tutte le mie proteste, usciamo dal bar.

«Vuoi che ti accompagni?» mi domanda.

«Non è necessario, hai già fatto abbastanza» rispondo sorridendo.

«Io non ho fatto nulla, era tutto così ovvio. Tu lo ami e lui ama te, ecco tutto.» Mi guarda con un sorriso e, quando apre le braccia, lo stringo in un abbraccio fortissimo.

«Grazie» sussurro al suo orecchio.

Dopo di che lo saluto e me ne vado. Devo recuperare ciò che mi appartiene.

Dopo qualche minuto, mi ritrovo davanti alla porta di casa di Alberico. Da fuori non riesco a sentire nessun rumore, quindi probabilmente non c'è nessuno. Ma in ogni caso proverò a suonare.

E proprio mentre sto avvicinando il dito al campanello, ritiro la mano.

Sono davvero pronta a perdonarlo? Dopo nemmeno un giorno?

Magari è tutto troppo affrettato, è vero, ma io ho bisogno di lui e so che ci restano meno di ventiquattro ore insieme. Prima o poi dovremo salutarci e non posso tornare a Milano senza avere chiarito questa situazione. Quindi, perché perdere tempo?

Prendo un lungo respiro e, dopo averci pensato su ancora una volta, premo il dito sul campanello.

Passano alcuni secondi e, proprio quando inizio a temere che non ci sia davvero nessuno in casa, la porta si apre.

Davanti mi trovo un Alberico sorpreso, immobile e con gli occhi rossi e gonfi. A giudicare dal suo aspetto, probabilmente ha pianto per tutto il tempo, e io mi sento terribilmente in colpa.

Faccio un passo avanti e gli butto le braccia al collo, stringendolo più forte che posso.

Inizialmente lui non reagisce, forse troppo stupito per compiere qualsiasi azione, ma dopo appoggia le mani sulla mia schiena e ricambia il mio abbraccio. Non mi ha mai stretta così forte.

Mi stringe talmente tanto che mi manca l'aria, ma adesso questo è l'ultimo dei miei problemi. Vorrei solo stare con lui e scusarmi per il mio comportamento, per poi cancellare la giornata di oggi per sempre. Come se niente fosse mai successo.

Con un braccio chiudo la porta alle nostre spalle, poi torno a concentrarmi su di lui.

«Scusami, scusami» dico, mentre la mia voce va lentamente a incrinarsi e i miei occhi diventano lucidi.

«Non dirlo nemmeno per scherzo. Perdonami tu, sono un bastardo» dice, e potrei giurare che stia piangendo, la sua voce è troppo bassa e roca.

«Perdonato.» Alzo la testa dalla sua spalla per guardarlo negli occhi. Sorrido e lui mi ricambia.

Accorcia la distanza tra le nostre labbra, facendole incontrare.

E in quel bacio ci sono tutto il desiderio e la passione possibili.

«Ti amo» mi sussurra.

«Ti amo.»

La mia testa è appoggiata sul suo petto e riesco a sentire il suo cuore che batte forte. Insomma, è così meravigliosamente bello.

«Sai, non so come tu sia riuscita a perdonarmi, ma sono contento che l'abbia fatto» dice all'improvviso, interrompendo il silenzio.

Non rispondo a quella domanda indiretta, lui sa già la risposta.

Semplicemente sollevo la testa dal suo petto e lo guardo sorridendo, per poi dargli un leggero bacio a stampo sulle labbra.

Ed è allora che mi dice: «Io non ti lascerò mai andare via da me, e devi promettermi che tu farai lo stesso. Io voglio passare tutta la vita con te, Bea. Voglio amarti per sempre, proprio come ti amo ora. Voglio alzarmi la mattina e trovarti sempre accanto a me. Voglio andare a dormire la sera con la certezza che tu sarai al mio fianco, non a mille chilometri di distanza. Se potessi, ti sposerei già adesso. Faremo invidia al mondo intero, te lo prometto».

Rimango immobile sentendo le sue parole. Ha detto delle cose così belle che per un momento faccio fatica a credere che questa sia la realtà.

Anche io voglio passare tutta la mia vita con lui, per sempre.

«Lo voglio anche io, amore…»

Mi rende felice sapere che Alberico vuole un futuro con me. Mi rende felice perché è esattamente quello che voglio anche io.

capitolo 32

Oggi è il nostro ultimo giorno insieme, stasera tornerò a Milano e lui continuerà la sua vita, senza di me. E io senza di lui. Un'altra volta.

Non ci sveglieremo più insieme la mattina, la sera non dormiremo nello stesso letto, non faremo più colazione insieme, non potrò più baciare le sue labbra ogni volta che mi va e non potremo più stuzzicarci e ridere come migliori amici.

Ci ritroveremo di nuovo a parlare attraverso una stupida videochiamata o i messaggi, e io non sono psicologicamente pronta.

A distogliermi dai miei brutti pensieri è proprio Alberico.

Ho appena aiutato sua madre Rita a lavare i piatti e a pulire la cucina, nonostante lei non volesse e mi avesse detto di starmene tranquilla. Ma mi dispiaceva non ricambiare in qualche modo la sua ospitalità, quindi l'ho fatto volentieri.

Alberico muove un braccio per richiamare la mia attenzione. Mi giro verso di lui e lo guardo.

«Oddio, ho avuto un'idea!» esclama, sorridendo come un bambino.

Oh, no. Quando lui ha un'idea, non è mai una buona idea. Nel senso, lo è solo se hai intenzione di rischiare la vita o di finire dietro le sbarre di un carcere. E no, non sto esagerando.

Spalanco gli occhi, guardandolo con curiosità.

«Devo insegnarti una cosa» dice e si alza dal tavolo, andando verso il corridoio.

Mi volto verso Rita, che è confusa quanto me. La situazione è parecchio divertente.

Alberico torna con in mano uno skateboard. Oddio, io ho sempre avuto paura di quei cosi!

Si avvicina a me e mi prende per mano, facendomi alzare dalla sedia.

«Mamma, noi andiamo, a dopo» dice, per poi trascinarmi letteralmente verso la porta d'ingresso mentre Rita ride vedendo la mia faccia spaventata.

Quando usciamo dal palazzo, Albe appoggia lo skate a terra e mi guarda. Cos'ha in mente?

«Forza!» dice incrociando le braccia e sorridendomi.

«Non so cosa tu voglia che io faccia, ma non ho un bel presentimento» rispondo, fissandolo terrorizzata.

«Sali sullo skate, dai!» mi fa coraggio.

Spalanco gli occhi e indietreggio di un passo.

«Tu sei pazzo! Non metterò un piede su quel coso. Vuoi farmi morire, per caso? Non ci sono mai salita per un motivo» protesto.

«Anche io dicevo così, ma tutto sta nel superare la paura. E, se cadi, puoi picchiarmi!» dice ridendo, facendo ridere anche me.

Potrei provare. Ma se poi cadessi? E se mi facessi male?

Alla fine annuisco, guardando Alberico negli occhi.

«Proviamoci!» dico e lui mi tende la mano con un sorriso. La afferro e appoggio un piede sullo skate.

Okay, ammetto che la paura è tanta, ma anche la voglia di provarci. E poi, ci sarà lui a sorreggermi.

«Cosa dovrei fare esattamente?» chiedo, una volta sopra.

«È semplice: metti giù l'altro piede e spingi, in modo che lo skate possa muoversi» risponde mentre mi mostra come si fa. E io tento di imitarlo.

Stringo forte la sua mano e inizio a muovermi lentamente, facendolo ridere per la mia goffaggine.

«Non dovresti ridere, dovresti provare a farmi capire come usare questo stupido aggeggio!» lo stuzzico.

«Scommetto che, dopo aver imparato, non potrai più farne a meno!» ribatte.

«E perché non potrei più fare a meno di una tavoletta di legno con quattro rotelle?» domando sarcastica.

«Mmh, vedremo» risponde, facendomi l'occhiolino.

Scuoto la testa e sorrido. Staremo a vedere cosa succede.

Alberico continua a spiegarmi come fare e tutto sta andando bene, a parte qualche caduta.

«Datti lo slancio con il piede sinistro!» mi suggerisce, continuando a tenermi la mano.

Faccio come mi dice, ma qualcosa non va.

Mi ritrovo sdraiata sull'asfalto, con Alberico sopra di me: è caduto perché ha cercato di prendermi.

Scoppio a ridere, appoggiando la testa a terra, fregandomene se siamo in mezzo a una strada.

Anche Alberico, che è sdraiato sul mio corpo, scoppia a ridere, buttando la testa all'indietro.

«Sei un idiota! Hai detto che avrei potuto picchiarti, posso farlo?» esclamo ridendo.

Lui ride e mi stampa un piccolo bacio sulle labbra.

«Certo che puoi picchiarmi. Ma dopo, però, devi darmi tutti i baci che voglio, va bene?» dice, con un sorriso.

Scuoto la testa. «Eh no! Facciamo che te li do ora i baci, okay?» ribatto e lui fa uno dei suoi sorrisi più belli, mentre una strana, ma bellissima, sensazione si fa spazio nel mio stomaco.

Proprio mentre Alberico sta per avvicinare il suo viso al mio, sentiamo una voce alle nostre spalle.

«Ma un po' di contegno, dai! Non potete fare queste cose in pubblico, in mezzo a una strada!»

La voce di Michele ci fa voltare. Sta sorridendo e con lui c'è anche Nicola.

«Ed ecco che i tuoi migliori amici rompono sempre nei momenti meno opportuni» dice Alberico, alzandosi.

Mi alzo anche io e mi picchio le mani sul sedere e sulle ginocchia per togliere lo sporco.

«Questi giovani d'oggi!» scherza Nicola.

«Amici cari, cosa ci fate qui?» chiede Albe, con un sorriso forzato.

«Che ci volete fare? Non riusciamo a stare senza di voi!» ci prende in giro Michele e aggiunge: «Venite a prendere un gelato al bar prima che Bea parta?»

Alberico si volta verso di me, come per chiedermi cosa ne penso. Annuisco sorridendo. «D'accordo, ci vediamo là!» dice Alberico, battendo il cinque ai suoi amici.

«Vi lasciamo alle vostre cose sporche, a dopo» rispondono loro, e poi se ne vanno sghignazzando. Adoro quei ragazzi, sono simpaticissimi, e quando passo del tempo con loro è impossibile non ridere.

«Non farci caso, sono degli idioti» commenta Alberico, accarezzandosi il collo.

Sorrido. È così bello. Bellissimo. Ed è mio.

«Come te, d'altronde.»

capitolo 33

Il momento della partenza è arrivato.

La famiglia di Alberico mi ha accompagnata in aeroporto e, dopo aver salutato tutti, Rita mi dice che posso andare da loro ogni volta che voglio. Virginia mi abbraccia e si mette a piangere, con mia grande sorpresa. Non mi aspettavo questa reazione, così la stringo ancora più forte a me. Mi dice che in questi giorni si è affezionata tantissimo a me e mi fa promettere che tornerò presto: è adorabile.

Risalgono tutti in macchina e Alberico assicura di tornare con l'autobus appena ci saremo salutati. Prende il mio bagaglio e mi aiuta a portarlo al banco del check-in.

Non vorrei andarmene. Non vorrei più staccarmi da lui. Se soltanto si potesse mettere in valigia anche questo istante, mentre il sole al tramonto illumina i nostri sorrisi un attimo prima di attraversare le porte scorrevoli. Poi le luci al neon all'interno dell'aeroporto ci inghiottiscono, come un fiume in piena che a poco a poco mi porterà lontano dal ragazzo che mi è più caro al mondo.

Lasciamo al bancone del check-in la mia valigia e continuiamo a tenerci per mano. Non voglio andare via. Se potessi, rimarrei qui con lui per tutta la vita.

Cerchiamo un posto a sedere e controlliamo il monitor con gli orari dei voli. Manca ancora un'ora alla partenza. Ogni minuto insieme è prezioso. Voglio restare qui dove mi sento a casa.

Perché ormai questa è casa mia, le sue braccia.

«Quindi ora te ne vai, eh?» dice, guardandomi con gli occhi lucidi.

Per me già è difficile partire, e di certo lui non mi aiuta. Vederlo così mi fa stare male.

«Già...» dico, abbassando lo sguardo.

«Verrò da te il prima possibile, ogni volta che potrò» mi rassicura, stringendo più forte la mia mano.

«Sì, lo stesso vale per me.»

«Sai, non credo che ce la farò. Sarà bruttissimo svegliarsi senza di te la mattina, non voglio più svegliarmi solo. Voglio svegliarmi con te, per sempre» dice, e sento le lacrime salirmi agli occhi.

Anche io, amore, non puoi capire quanto lo vorrei.

«Resta qui con me, ti prego» mi dice, supplicandomi con lo sguardo.

«Lo vorrei tanto, credimi.»

«Ehi, ricordati la nostra promessa. Un giorno staremo insieme per sempre, senza questa stupida distanza» dice, poggiando le mani sui miei fianchi e avvicinandomi a lui.

«Promesso» sorrido, dandogli un bacio a stampo.

La voce metallica chiama il mio volo, l'imbarco chiuderà tra soli venti minuti. Devo fare in fretta.

E proprio lì, in quel momento, non ce la faccio più e dai miei occhi iniziano a scorrere le lacrime. Avvolgo le mie braccia intorno al suo busto e lo abbraccio, cercando di stringerlo il più forte possibile. Lui ricambia l'abbraccio, fino a farmi quasi soffocare.

Quando sento l'ultima chiamata per il volo, capisco che devo andare.

Mi stacco da Alberico, guardandolo negli occhi per l'ultima volta. E allora noto che non sono l'unica a piangere, anche lui sta piangendo.

Mi dà un ultimo piccolo e dolce bacio, mischiato con il sapore salato delle nostre lacrime, mentre io mi giro e inizio a incamminarmi verso il gate.

E più mi allontano da lui, più mi sento come se qualcuno mi stesse strappando il cuore dal petto.

Sento da dietro una voce urlare un «Ti amo» e, quando capisco che è stato lui, mi volto velocemente mimando un «Anche io» con le labbra.

**

Sono arrivata a Milano da poco.

Apro lentamente la porta di casa. Mio padre mi viene incontro con il viso teso e le braccia incrociate. Per pochi attimi mi domando se è successo qualcosa mentre non c'ero, al mio fratellino, o se magari i miei genitori hanno litigato. Di sicuro il problema non può essere Giovanni, perché non è qui...

«Bentornata, piccola. Ti sei divertita in Molise?» mi chiede mia madre, appoggiando una mano sulla mia testa e accarezzandomi i capelli. Guardandola negli occhi mi rendo conto che c'è una nota stonata nella sua voce.

Come se in realtà avesse voluto dire: *In Molise, sì, certo, come no.*

«Bea, questa proprio non me la dovevi fare» aggiunge mia madre, e all'improvviso capisco che sa già tutto. Sa che non sono stata con Giovanni e la sua ragazza in questo lungo fine settimana, ma con Alberico. Mi domando se mio fratello si sia tradito in qualche modo, aveva detto che tanto con la scusa che il telefono non prendeva bene non sarebbe stato così difficile fingere di trovarsi lì insieme a me...

E poi mi viene un dubbio: perché mia madre ha in mano lo smartphone con sopra una foto di Alberico?

Come per rispondere alla mia domanda, lei rivolge lo schermo verso di me: è una foto di Twitter e siamo io e Alberico mano nella mano. Dev'essere stata diffusa da una delle sue fan. Come ho fatto a non pensarci? Non credevo che mia mamma... lei nemmeno lo usa Twitter.

«Tu nemmeno lo usi Twitter» è infatti la prima – infelice – frase che mi esce dalla bocca.

«Bea, con questo stai in punizione più o meno a vita» commenta mio padre, e a queste parole non ho il coraggio di aggiungere altro. Salgo in camera mia trascinandomi appresso la valigia come se fosse un peso morto.

Prendo il telefono dalla borsa e scrivo un messaggio ad Alberico, senza rivelargli niente della punizione. Tanto, finché non posso rivederlo, finché non posso stare con lui, dove dovrei andarmene? Le mie dita digitano in fretta:

Me: Sono arrivata, mi manchi

Poco dopo, il mio telefono prende a squillare. Mio fratello Giovanni mi sta videochiamando su WhatsApp. Lo vedo seduto sul letto e da lì mi guarda sorridendo.

«Allora? Com'è andata? Devi raccontarmi tutto!» dice, mettendosi comodo.

Mi siedo sul letto a gambe incrociate e appoggio il cellulare sul comodino, iniziando a raccontare un po' tutto quello che è successo negli ultimi giorni. Tutto... fino alla punizione, anzi, a partire dalla punizione. Posso dire senza alcun dubbio che sono stati i quattro giorni più belli della mia vita e che è valsa la pena viverli, anche se ho rischiato molto, e anche se adesso chissà quale tremendo castigo calerà su di me. Posso accettare tutto, a patto che non mi tolgano il cellulare... Insomma, ne ho bisogno per parlare con Alberico. Non devono togliermelo. Alberico è tutto per me, soprattutto dopo questo meraviglioso fine settimana.

Giovanni scoppia a ridere, mentre mi fa un gran sorriso. «Non ti preoccupare... le punizioni sono sempre meno gravi di quanto sembrino» dice.

«Ma non capisci? Sicuramente in qualche modo se la prenderanno anche con te, per avermi coperto...»

«E allora, secondo te è un problema? Se soltanto ti avessero dato ascolto, se avessero capito quanto è importante Alberico per te, non ci saremmo mai trovati in questa situazione. Riuscirò a farglielo capire, fidati di me.»

Forse ha ragione lui, ma in realtà non mi sento affatto tranquilla, e alla fine l'unica cosa a cui riesco a pensare è che mi manca Alberico.

Mezz'ora dopo, mi ritrovo sdraiata nel mio letto, depressa come non mai.

Mi manca Alberico. Dopo i giorni passati insieme, mi ero quasi dimenticata com'è stare lontana da lui. Ora me lo ricordo: è orribile.

Il mio telefono vibra, mi è arrivato un messaggio. Anzi, una lettera...

Albe: Non so neanche da dove partire. Sai che non sono
bravo con le parole, a esprimere i miei sentimenti,
ma so che tu sai quanto ti amo.
O almeno, spero tu lo sappia.
Inizio con il dirti che questi giorni insieme, qui da me,
sono stati incredibili. Anzi, non sono mai stato così felice
in vita mia, mai. Ricordo ancora quando ho cominciato
a seguirti su Twitter, ricordo che mi avevi
completamente intasato le notifiche per farti seguire,
ricordo che ho cliccato sul tuo profilo e avevi scritto più
di duecento tweet per farti notare da me,
ricordo che sono rimasto folgorato dalla foto del tuo
profilo. Eri così bella! E poi mi è capitato
di leggere un tuo messaggio, non potevo non risponderti.
Eri così dolce e io mi sentivo fortunato ad avere
una fan come te. Ma in poco tempo mi sono
affezionato a te, e non ti vedevo più come
una semplice fan, ma come un'amica.
La mia migliore amica, a distanza.

I giorni passavano e il desiderio di abbracciarti era sempre più grande, ricordo che una volta addirittura ti ho sognata. Ma poi ti ho vista, sono venuto a Milano solo per te e davvero, da lì non ho capito più nulla.
Ho capito solo di essere follemente innamorato.
Ricordo che la prima notte che abbiamo dormito insieme, a casa tua, volevo fare l'amore con te.
Dio, non puoi capire quanto lo desideravo.
Ma noi eravamo soltanto amici, giusto?
Poi però le cose sono cambiate, e non ho altro da dire, a parte il fatto che sono innamorato. Non sono mai stato innamorato per davvero di qualcuno, ma questo lo sai bene. Non prima di te. Tu sei il mio primo e ultimo amore.
Ultimo perché, come già ti ho detto, non ho intenzione di lasciarti andare via da me. Mai. Ti amo più di qualsiasi altra cosa, più di quanto tu possa immaginare.
Ti amo tantissimo. Ci vediamo presto, piccola mia.

Leggo quel messaggio con le lacrime agli occhi e poi inizio a singhiozzare, affondando il viso nel cuscino, e per molti minuti non riesco a smettere di piangere. Poi, in qualche modo, cado addormentata.

capitolo 34

Hanno deciso di proibirmi di uscire per un mese intero. Proprio ora che la scuola sta per finire. Questa è davvero una crudeltà. Niente serate in discoteca, niente fast-food (sopravvivrò senza???), niente computer. Inoltre, se in questo mese finirò il traffico dati del cellulare, dovrò usare solo e soltanto i miei risparmi. Quindi praticamente vivrò tagliata fuori dal mondo. Per un mese intero. In piena estate. I miei genitori sono completamente pazzi!

Per fortuna, Chiara mi ha dato un suo vecchio cellulare e una scheda che aveva attivato per un'offerta di Natale, che però non le serve più. Diventa il mio unico mezzo di comunicazione con Alberico, all'insaputa dei miei genitori.

La madre di Alberico è stata bravissima e ha chiamato mia madre per spiegarle che lei e il resto della famiglia mi hanno accolta come una figlia e che quindi non c'è da preoccuparsi, perché loro sono brave persone. Non so come abbia fatto, ma alla fine mia madre è riuscita a convincere la signora Rita che la gravità della mia bugia («Non ha pensato a tutto quello che poteva succederle, una minorenne da sola in aereo, e poi in giro sui mezzi pubblici in una città che nemmeno conosceva, con tutto quello che si sente in giro… se un malintenzionato l'avesse presa di mira… a quell'età sono così incoscienti, devono imparare a comportarsi»).

A rincarare la dose, è arrivato il racconto della fuga di Alberico da Torino per venire a incontrarmi di persona. Come dire, le nostre mamme hanno fatto comunella. Assurdo!

Certe volte mi sembra impossibile che anche i miei genitori siano stati giovani e innamorati, o forse se ne sono solo dimenticati.

Con il trascorrere dei giorni, gli scrutini e le pagelle di fine anno, la tensione in casa un po' si va attenuando. Come immaginavo, ho buoni voti in tutte le materie, al punto che per qualche giorno la pagella resta appesa con le calamite allo sportello del frigorifero, quasi che mia mamma e mio papà avessero bisogno di leggerla e rileggerla ogni mattina, per convincersi che non c'è trucco né inganno, è tutto vero: studiando a fondo e con molto impegno ho recuperato le insufficienze in tutte le materie. Nonostante la mia fuga d'amore per andare da Alberico.

Lui intanto è il ragazzo più adorabile sulla faccia della Terra. Il sabato sera per due settimane di seguito non è uscito con gli amici. Sta studiando per la maturità (tra pochi giorni avrà l'orale) ma è rimasto a casa anche per solidarietà nei miei confronti, per tenermi compagnia, al telefono su WhatsApp. È stato molto romantico e al tempo stesso struggente, perché avrei voluto averlo qui accanto a me per poterlo baciare in ogni istante...

Con il suo aiuto, il mio mese di punizione passa meno lentamente di quanto avessi immaginato.

Ormai aspetto solo e soltanto una cosa: il momento in cui lo rivedrò, lo riavrò di nuovo tra le braccia e riappoggerò le mie labbra sulle sue.

**

E poi finalmente quel momento arriva. Alberico mi chiama per darmi la notizia più bella del mondo: ha finito gli esami, e approfittando di un appuntamento con il suo manager qui a Milano, si fermerà per qualche giorno. A casa mia. Mi sembra incredibile che i miei genitori possano accettare, e invece ci danno la loro benedizione. Ormai ho scontato la mia punizione – trenta giorni chiusa in casa, non uno di meno – e merito una seconda possibilità. Sono così felice che conto i minuti che ancora ci separano.

Albe: Sono arrivato, finisco la riunione e ci vediamo. Alle 19 in Duomo, va bene? A presto, piccina, ti amo

Me: Perfetto. Ti amo anch'io

Finalmente eccoci qui, dopo un mese di tortura e di distanza passeremo altri giorni insieme. Mi sento avvolta da una sensazione sconosciuta, un misto tra l'euforia e il sollievo. Io che non sopporto questo caldo afoso dell'estate milanese, me ne frego e non faccio altro che pensare a come mi vestirò, a dove lo porterò, a quanti baci ho voglia di stampargli su quelle sue labbra irresistibili.

Siccome ho finito il mascara, ieri ho passato metà del pomeriggio al centro commerciale a cercarne uno nuovo. Purtroppo lì dentro sembrava di andare indietro di due stagioni. L'aria condizionata era al massimo e adesso capisco che la strana sensazione che mi pervade da stamattina è anche qualcosa di semplicemente fisico: la mia salute vacilla e forse sto per prendermi un bruttissimo raffreddore oppure, peggio ancora, la febbre in pieno luglio.

Mi alzo dal letto e mi blocco istintivamente, per colpa del giramento di testa che mi è venuto. Appoggio le mani alla scrivania per reggermi in piedi. Una sensazione orribile. Ovviamente, solo io posso avere il raffreddore e la febbre in estate!

Corro a lavarmi e a vestirmi e indosso un semplice paio

di pantaloncini a vita alta e un top, fregandomene dell'influenza o dei colpi di aria condizionata.

Dato che sono già le sei e un quarto, decido di avviarmi in centro. Non voglio certo fare tardi, e soprattutto non vedo l'ora di riabbracciare il mio Alberico!

**

Alle sette precise mi trovo in piazza Duomo, con le mani che tremano e il cuore a mille.

Mi guardo intorno, a destra e a sinistra, nella speranza di vederlo, ma a quanto pare è in ritardo.

D'un tratto due mani calde mi coprono gli occhi e qualcuno appoggia il mento sulla mia spalla.

Impossibile non riconoscerle, quelle mani, le riconoscerei tra mille.

Mi giro di scatto e quando mi trovo Alberico davanti, non perdo tempo e mi butto tra le sue braccia. E come sempre, i miei occhi diventano lucidi.

Non importa quante volte staremo insieme, quanti mesi passeranno, ogni volta che ci rivedremo le emozioni saranno sempre le stesse.

«Mi sei mancata, piccola» mi sussurra all'orecchio, in modo che gli altri non possano sentire, e mi stringe ancora più forte.

Purtroppo per il bacio dovremo aspettare ancora un po', dato che siamo in pieno centro di Milano, sotto gli occhi di tutte le sue fan. Anche noi ci teniamo alla nostra riservatezza. Farci fotografare mentre ci baciamo sarebbe davvero un po' troppo.

«Anche tu mi sei mancato, come l'aria» dico appoggiando la testa sul suo petto e respirando il suo odore.

Ci stacchiamo dall'abbraccio e finalmente riesco a guardarlo negli occhi. Anche i suoi sono lucidi e, come sempre, è la cosa più bella che io abbia mai visto.

Mi fa l'occhiolino e viene sommerso dai fan che chiedono abbracci, foto e autografi.

Un'ora dopo ci troviamo sulla via di casa mia, e io sono in astinenza delle sue labbra. Le desidero con tutta me stessa e sto contando anche i secondi che mancano per arrivare dentro casa, dove nessuno potrà vederci.

Prendo le chiavi dalla borsa e apro la porta, anzi, la spalanco, per poi richiuderla alle mie spalle una volta entrati.

Proprio come immaginavo, in casa non c'è assolutamente nessuno.

Saliamo le scale per raggiungere il piano superiore. Entriamo in camera mia e lui con un calcio chiude la porta, per poi far scattare la chiave.

Mi guarda, muove un paio di passi verso di me, e mi appoggia le mani sui fianchi.

Avvicina la sua fronte alla mia, fino a farle combaciare, mentre continua a guardarmi negli occhi con uno sguardo da dio dell'antica Grecia e io mi sento morire per l'emozione.

È sempre così sensuale.

«Ora sei mia» dice sorridendo, e appoggia le labbra sulle mie.

Ho aspettato questo momento per così tanto tempo... Le sue labbra sono tutto ciò di cui ho bisogno, così morbide e carnose. Sono la mia cura a tutto. La mia droga personale. Non potevo farne a meno.

Sempre tenendomi per i fianchi, mi stringe ancora di più a sé, facendo scontrare i nostri corpi. Sto andando completamente a fuoco.

Schiudo leggermente le labbra, per dargli accesso alla mia bocca con la lingua. In questo momento mi sento completa, nel mio piccolo mondo perfetto. Con lui.

Finiamo sdraiati sul mio letto a baciarci, ridere e scherzare, come se volessimo recuperare in pochi minuti tutto ciò che non abbiamo potuto dirci in questo mese, tutte le carezze, tutti i baci. Ma ancora una volta sento che quel momento così speciale non è ancora arrivato e, quando i nostri baci stanno diventando un po' troppo bollenti, mi stacco da Alberico, lo accarezzo e gli chiedo se vuole uscire.

«Andiamo a farci un giro con lo skate?» lo supplico con lo sguardo.

«Eccola qui, quella che sosteneva che non le sarebbe mai piaciuta una tavola di legno con quattro rotelle» risponde lui ridendo e imitando la mia voce di quando, a Bari, gli avevo detto che odiavo lo skate.

Scoppio a ridere e gli tiro un pugno sul braccio, mentre lui fa finta di essersi fatto male.

Sì, quando sono tornata qui a Milano ho deciso di comprarmi uno skate e ora non posso più farne a meno.

Prendiamo in prestito quello di Giovanni e usciamo insieme. Non sono ancora bravissima, ma me la cavo e, dopo essermi esercitata un po', non cado più ogni due per tre.

Ci inoltriamo tra le strade buie di Milano, mentre camminiamo sui marciapiedi mano nella mano, sopra gli skate.

«Ho voglia di pizza» dice a un tratto Alberico, come un bambino, quindi ci avviamo verso la mia pizzeria preferita, dove vado spesso con Alex e Chiara.

Bisogna attraversare la strada per arrivarci.

Scendo dal marciapiede e sento un urlo, Alberico grida il mio nome e vedo una forte luce bianca proprio di fronte a me.

Poi il buio.

capitolo 35

Tutto intorno a me è buio.

Dove mi trovo? In paradiso? No, il paradiso non è nero. Tutto è oscurità in questo momento.

Intorno a me riesco a percepire il panico: c'è molta gente che urla e sento qualcuno chiamare il mio nome, poi delle mani muovono il mio corpo, lo girano.

Sirene dell'ambulanza, polizia.

Alberico. Riesco in qualche modo a capire che si trova proprio qui accanto a me, e potrei giurare che sta piangendo. Non riesco a capire per quale motivo. Vorrei urlare. Vorrei gridare a tutti che riesco a sentirli, percepisco ogni rumore. Vorrei dire ad Alberico di non piangere, perché io sono lì con lui, la mia mano nella sua.

Ma non riesco a fare nulla di tutto questo. Rimango immobile, incapace di spostare anche il più piccolo muscolo. Sono circondata dal nero che mi avvolge completamente. Buio pesto. Vuoto.

**

ALBERICO'S POV

Corro verso di lei urlando il suo nome, ma arrivo troppo tardi.

Una grande macchina scura, una specie di SUV, l'ha colpita in pieno, sbalzandola in aria per poi farla cadere sull'asfalto. Mi butto a terra, urlando con tutto il fiato che ho nei polmoni. Mentre mi avvicino lentamente a lei, le lacrime iniziano a rigarmi il volto, e le mani tremano, mi tremano anche le gambe. Ho paura di ciò che potrei vedere. Ma poi eccola lì. La mia Beatrice è a terra, in una pozza di sangue. Tutto sembra rosso intorno a lei. Provo a scuoterla, ma mi rendo conto che così potrei peggiorare la situazione.

«Amore...» dico, sporgendomi ancora di più verso di lei.

Non si muove, non mi risponde, né apre gli occhi.

«Beatrice, devi svegliarti!» urlo, mentre non riesco a trattenere le lacrime che ormai sono arrivate a bagnare anche la mia maglietta.

Mi guardo in giro e noto che c'è un sacco di gente ferma

a osservarci, mentre una ragazza sta parlando al cellulare.

«Chiamate una cazzo di ambulanza!» grido disperato.

La ragazza al cellulare fa un cenno e risponde che è tutto a posto, che l'ha chiamata lei, tra pochissimo l'ambulanza sarà qui.

«Ti prego, Bea. Lo so che mi senti, lo so! Devi svegliarti, amore mio, fallo per me. Ti prego» dico, accarezzandola con tutta la delicatezza che riesco a dare alle mie dita, che invece avrebbero voglia di stringerla forte, di non lasciarla più andare via.

Accarezzo i suoi capelli biondi sparsi come petali di fiore sull'asfalto, mentre in lontananza sento già le sirene dell'ambulanza.

«Amore mio, svegliati» dico accasciandomi su di lei e iniziando a piangere sempre più forte.

Prendo il suo polso e cerco di sentirne il battito. Ma io quel battito non lo sento affatto.

Il suo cuore si è fermato.

Un minuto dopo arrivano i paramedici.

«Il suo cuore non batte, il suo cuore non batte!» grido, in preda ormai a una crisi isterica, mentre i paramedici la sollevano da terra per poi adagiarla con cura sulla barella, a cui iniziano a legarla con una serie di lunghi lacci.

Le hanno anche messo una specie di collare intorno al collo e io non ce la faccio a vederla in quelle condizioni.

«Io vado con lei!» dico all'infermiera che sta per chiudere lo sportello dell'ambulanza.

«Chi sei?» mi domanda.

«Il suo ragazzo» rispondo. Così l'infermiera mi fa segno di salire, chiude le porte e partiamo a tutta velocità con le sirene spiegate. So che questo suono mi ricorderà per sempre il momento più brutto della mia vita. All'improvviso ho l'impressione di trovarmi in un incubo. Stavamo così bene, finalmente di nuovo felici, mano nella mano, e adesso...

Nell'ambulanza due paramedici visitano Bea in tutta fretta, mentre io me ne sto fermo in un angolo, con le lacrime agli occhi, a fissarla immobile sulla barella.

Uno dei due medici alza la cornetta del telefono attaccato accanto al finestrino.

«Codice rosso, la paziente deve essere operata d'urgenza. Chiamate il dottor Grandi e avvisatelo per l'intervento, le sue condizioni sono molto critiche» dice, prima di riagganciare.

Le sue condizioni sono molto critiche.

Al suono di queste parole, sento il mio cuore spezzarsi completamente.

Parcheggiamo proprio davanti all'ingresso dell'ospedale. Tirano giù la barella e si mettono a correre per trasportare la mia Bea chissà dove.

Li seguo sempre più disperato, sotto lo sguardo delle persone che osservano il mio volto rigato di lacrime.

All'improvviso un dottore mi blocca il passo.

«Non può entrare nella sala, mi dispiace. Deve aspettarla qui» mi dice con uno sguardo affranto.

Mi siedo su una di quelle scomode sedie di plastica, tipiche degli ospedali, e resto lì a piangere e ad aspettare.

Dopo più o meno un quarto d'ora, dalla porta in cui era entrata Beatrice esce una dottoressa.

Mi alzo di scatto e le vado incontro.

Lei mi sorride tristemente. «Sei il suo ragazzo?» mi domanda.

«Sì, sono io.»

I miei occhi sono talmente rossi che mi bruciano e faccio fatica a tenerli aperti.

«Come si chiama la ragazza?»

«Beatrice.»

«Bene. Stanno per operare Beatrice, la sua situazione non è delle migliori. Ha preso un colpo molto forte alla testa, ed è questa la cosa che ci preoccupa di più. Ha un'emorragia interna, che adesso bloccheremo... o almeno ci proveremo» mi spiega annotando qualcosa su un blocnotes nero.

A queste parole non riesco più a trattenermi e mi lascio sfuggire un grido di disperazione, mentre le lacrime tornano a solcarmi le guance.

Mi siedo e mi prendo la testa fra le mani, singhiozzando. Perché lei? Perché lei e non io?

La dottoressa si avvicina e mi dà una carezza di conforto.

«Forza e coraggio. Di' una preghiera per lei. Questi li lascio a te» conclude, appoggiando qualcosa sulla sedia accanto alla mia per poi tornare nella sala operatoria.

Volto la testa per vedere cosa mi ha lasciato.

Sulla sedia ci sono il suo iPhone, una collana e due braccialetti.

Li prendo tra le mani e li osservo.

Su uno c'è scritto ALBERICO, ed è identico all'altro, su cui c'è scritto BEATRICE.

Entrambi hanno una data. Quella del giorno in cui sono venuto a Milano per la prima volta, per farle una sorpresa.

La collana, invece, ha un ciondolo con la B e ricordo benissimo che la indossava anche la notte in cui ci siamo incontrati per la prima volta.

Poi prendo il suo telefono e accendo lo schermo: ben presto trovo le fotografie che ci siamo scattati insieme, in giro per Milano.

E sorrido, ma allo stesso tempo il mio viso è diventato una maschera di lacrime.

Io ho bisogno di lei. Ho bisogno di lei nella mia vita. Se dovessi perderla, davvero non saprei cosa fare.

Quanto vorrei che quella macchina avesse colpito me, e non Beatrice.

Beatrice non merita alcun dolore.

Sblocco di nuovo il cellulare e provo a telefonare a sua madre e a casa, ma tutti i telefoni squillano a vuoto. Allora chiamo la sua migliore amica.

Chiara scoppia a piangere, dicendomi che ci penserà lei a rintracciare i genitori di Beatrice e poi verrà subito qui con Alex.

Il tempo sembra non passare più, continuo a fissare le lancette dell'orologio attaccato al muro davanti a me; i secondi scorrono lentissimi, le lancette sembrano muoversi al rallentatore.

All'improvviso mi viene un'idea, un'idea folle, di quelle che farebbero strabuzzare gli occhi a Beatrice, e so che è anche la cosa più giusta da fare.

Accendo il mio telefono e mi collego a Facebook.

Clicco su A COSA STAI PENSANDO? e inizio a scrivere.

Sono qui non per dire cose stupide o per avvisarvi della nuova uscita di un video.

Sono qui per dirvi qualcosa che avrei dovuto dirvi tempo fa. Sono follemente innamorato, ma qualcuna di voi l'aveva già intuito dalle foto che postavo e dalle cose che scrivevo. Il suo nome è Beatrice, credo che ormai la conosciate tutti, ed è la mia fidanzata. Oggi è successo qualcosa che non sarebbe mai dovuto accadere, o almeno, non a lei.

Mi trovo qui seduto nella sala d'aspetto di uno stupido ospedale, per colpa di una macchina nera che non ha saputo usare bene i freni, e dopo non si è neanche degnata di fermarsi. No, è scappata. Un pirata della strada, insomma.

Oggi è successo un incidente, le condizioni di Beatrice sono critiche e io vi chiedo solo di pregare per lei.

Questa notte, prima di andare a dormire, pregate per la mia Beatrice. Per far sì che l'intervento che sta ora subendo vada al meglio. Ho bisogno del vostro aiuto e ho bisogno che le siate vicini in questo momento così delicato. È una persona meravigliosa e merita il meglio. Spero capiate.

Alberico

Scrivo tutto di getto, con le lacrime agli occhi, e in un nanosecondo sono già sommerso di commenti e di messaggi, ma non ne leggo nemmeno uno. In questo momento non ce la posso fare.

Sono passate più di tre ore, ormai, e ancora nessuno è uscito da quella porta.

Fino a quando non la sento sbattere e vedo un dottore con un camice verde venire verso di me.

capitolo 36

Mi alzo di scatto e mi avvicino al dottore, bloccandomi a pochi centimetri da lui. Mi guarda da dietro le lenti dei suoi occhiali, e in quegli occhi leggo moltissima preoccupazione.

«Sei tu il ragazzo di Beatrice?» mi chiede, osservandomi attentamente.

Annuisco, porgendogli la mano, che lui stringe saldamente.

«Piacere. Sono il dottor Grandi e ho operato Beatrice» dice, mentre legge alcune informazioni da un foglio che sembra il risultato di un'analisi del sangue.

«Come sta lei?» domando cercando di sembrare tranquillo, ma non lo sono.

Non lo sono per niente. Sto morendo dentro, lentamente.

«L'intervento è riuscito» risponde.

A queste parole, non riesco a contenermi e dalla mia

gola esce un piccolo gemito di gioia, mentre sorrido come un bambino davanti al suo giocattolo nuovo.

Lui alza la mano e la appoggia sulla mia spalla, e io non riesco a capire il perché di quel gesto.

«Lasciami finire. Beatrice adesso è in coma. Se non si sveglia entro ventiquattr'ore, mi dispiace, ma nonostante il buon esito dell'operazione, temo che non ce la farà» conclude, per poi lasciarmi in corridoio da solo.

Rimango immobile, il sangue mi si è gelato e il respiro bloccato.

Non riesco a capacitarmi della frase che è appena stata pronunciata. Ventiquattro ore.

Ventiquattro.

Sento dei passi alle mie spalle e, quando mi giro, mi ritrovo davanti Alex e Chiara, con tre bicchieri di caffè.

«Ancora nulla?» domanda Alex, per poi mettersi a sedere accanto a Chiara.

Mi siedo di fronte a loro, continuando a fissare il vuoto, mentre una nuova lacrima mi scende dagli occhi e faccio tutti gli sforzi possibili per trattenermi.

Chiara mi lancia una lunga occhiata piena di domande.

Prendo coraggio e rispondo.

«Ha ventiquattr'ore per svegliarsi, poi potrebbe essere troppo tardi» dico, senza riuscire a incrociare il loro sguardo.

Chiara scoppia ancora una volta a piangere, mentre

Alex la abbraccia e la stringe a sé, accarezzandole i capelli e dicendo che Beatrice è forte e ce la farà.

Io mi sento completamente spezzato a metà, come se qualcuno mi avesse strappato una parte di cuore.

Quando ci passa davanti un'infermiera, faccio un cenno con la mano per attirare la sua attenzione.

«Scusi, posso vedere Beatrice? L'hanno operata da poco» chiedo, ricacciando giù le lacrime.

«Certo, ma solo per pochi minuti. Stanza 105, se non mi sbaglio» risponde per poi allontanarsi lungo il corridoio.

Mi precipito verso la sua stanza e apro lentamente la porta.

Eccola lì, sdraiata su quel letto grigio d'ospedale. La sua pelle è pallidissima. Il suo corpo è collegato a una serie di macchinari che probabilmente la nutrono e la tengono in vita. Dover vedere la propria ragazza in queste condizioni è una cosa che non auguro a nessuno, neppure al mio peggior nemico.

Da un angolo della stanza prendo una sedia e la metto accanto a lei. Mi siedo. Faccio appello a tutto il mio coraggio per non piangere.

La prendo per mano e sussulto.

Questa non sembra la mano della mia Beatrice. La sua mano di solito non è così fredda.

Ora è proprio come il ghiaccio.

Nella stanza mi ritrovo circondato da un silenzio poco rassicurante, a parte il *bip, bip, bip* dei macchinari.

Accarezzo il palmo della sua mano gelida, mentre continuo a guardare il suo bellissimo viso circondato dai capelli biondi.

Anche così, con tutti quei tubi, gli occhi chiusi e le labbra rosa schiuse, è comunque bellissima.

Io non la merito. Non merito Beatrice, nessuno la merita. È troppo per tutti.

E se ora si trova in queste condizioni è anche per colpa mia.

Se solo non le avessi mai insegnato ad andare su quello stupido skate, lei non ne avrebbe mai comprato uno e ora non sarebbe in questo maledetto letto. Non me lo perdonerò mai.

«Ehi, piccolina» dico, quando altre lacrime scendono dai miei occhi.

**

BEATRICE'S POV

Alberico si trova qui accanto a me, ma non posso abbracciarlo. Non posso baciarlo.

Ho sentito i dottori dire che sono in coma e, se non riesco a svegliarmi entro ventiquattr'ore ore, morirò.

Perché non riesco ad aprire gli occhi?

Perché non riesco a muovere nemmeno un dito? Perché riesco a pensare, a capire tutto, ad ascoltare le persone intorno a me, ma non riesco a svegliarmi?

Vorrei tanto urlare, ma semplicemente non ci riesco, anche se ci provo con tutta me stessa. Il mio corpo non reagisce.

«Ehi, piccolina» dice qui accanto a me il mio adorato Alberico.

Amore mio, sono qui. Ascoltami, ti prego.

«Mi manchi, manchi a tutti. Fuori ci sono anche Chiara e Alex, sono distrutti, proprio come me. Prima sono venuti i tuoi genitori e tuo fratello, ma gli abbiamo detto di tornare a casa. Erano a pezzi, avevano bisogno di riposare. E poi ci siamo noi qui con te.»

Mi manchi tu e mi mancano anche loro. Quanto vorrei che tu sapessi che ti sto ascoltando.

«Quando hai intenzione di svegliarti, eh? Sappiamo tutti che ami dormire e che sei pigra, ma non pensi che ora possa bastare? Devi svegliarti.»

Non sai quanto lo vorrei, amore, davvero.

«Ricorda che io e te abbiamo dei sogni da realizzare e delle promesse da mantenere, insieme. Non dimenticarlo. È vero che non mi abbandonerai?»

Come faccio a dimenticarlo? E no, non ti abbandonerò mai, a meno che tu non mi dica di farlo. Ma forse nemmeno in quel caso.

«Devi lottare. Non puoi mollare in questo modo, non devi lasciarti andare. Tutti siamo qui per te. Tu sei forte.»

Non sono così tanto forte come credi tu. Vorrei esserlo, amore, lo vorrei tanto.

«Ti ricordi quando ti innervosivi perché ti chiamavo bimba? Ti innervosivi perché dicevi di avere solo due anni in meno di me.»

Ehi, io non sono una bimba.

«Ti amo, bimba.»

Ti amo anch'io, ciuffo.

Alberico mi dà un leggero bacio sulla fronte, mi accarezza per l'ultima volta la mano e poi si allontana, lasciandomi in quella camera da sola.

Sto lottando per la vita o per la morte.

capitolo 37

ALBERICO'S POV

Le ventiquattro ore stanno volando.

Adesso il tempo scorre rapido, molto più di prima. Forse non è mai stato così rapido in tutta la mia vita.

Ogni ora è come una coltellata al cuore, perché lei è lì e non si risveglia e sento quel momento fatidico avvicinarsi sempre più, e non posso fare niente. Sono completamente incapace di salvarla, di aiutarla…

Il mio pensiero è fisso a lei, a lei che mi sta lentamente scivolando via dalle mani come l'acqua e io non posso fare nulla per tenerla stretta a me.

Le parole del medico continuano a rimbombarmi nella mente, a tormentarmi. Per quale motivo non si sveglia? Perché è in coma se l'intervento è comunque andato bene?

Tante domande e nemmeno una risposta concreta.

Le lancette dell'orologio corrono sempre più veloci, ma lei non ha mosso nemmeno una palpebra.

Dovrei esserci io al suo posto.

Alex si avvicina a passo lento, sedendosi sulla sedia di plastica rossa accanto alla mia.

«Perché non vai a casa a riposarti? Ci siamo io e Chiara qui con lei» mi dice.

«Non ho intenzione di muovermi da qui fino a quando non si sveglierà» dico, incrociando le braccia al petto.

«Sai che potrebbe anche non succedere.»

«Non dirlo mai più» gli rispondo a muso duro, voltandomi verso di lui e puntandogli un dito contro.

Ma Alex non mi risponde, gira la testa dall'altra parte, da dove sentiamo provenire dei passi nel lungo corridoio.

In lontananza vedo avvicinarsi un ragazzo alto, i capelli castani corti. Chi cavolo è?

Vedo il corpo del migliore amico di Beatrice irrigidirsi guardando quella figura che si avvicina e così inizio anche io a preoccuparmi.

Il ragazzo viene dritto verso di me, mi si piazza di fronte e mi sorride, e non so per quale motivo, ma ho già una strana voglia di prenderlo a pugni.

«Alberico De Giglio, finalmente ci conosciamo» dice puntandomi in faccia due occhi insopportabilmente verdi.

Mi tende la mano, ma io non ricambio.

«Ci conosciamo?» gli domando, squadrandolo dalla testa ai piedi.

«Ma come, non mi conosci? Sono Francesco, l'ex di Beatrice.»

Eccoci qua, Francesco e io, faccia a faccia.

Davvero la mia Beatrice è stata innamorata di un tipo del genere?

Ripenso ai racconti di Beatrice, al modo in cui è rimasta ferita dal tradimento di Francesco, alle lacrime che le ho sentito versare quando me ne ha parlato la prima volta al telefono.

«Cosa ci fai tu qui?» gli chiedo, fissandolo negli occhi.

Lui in risposta mi ride in faccia.

«Cosa ti importa?»

«Non devi avvicinarti a Bea, non provarci nemmeno. Sei venuto fin qui per prenderla per il culo anche ora?» dico, premendogli una mano sul petto per spingerlo via.

«Beatrice ha bisogno di tutte le persone che le vogliono bene, per riprendersi» mi sussurra lui, e tira fuori un paio di cuffiette e un iPod.

«Cosa… che stai dicendo?»

«Tu lo sai quali sono le sue canzoni preferite? Tutte, intendo, dalla prima all'ultima? Secondo me no, perché state insieme da troppo poco tempo.»

Così dicendo, mi gira intorno e apre la porta alle mie spalle. La porta della stanza 105.

**

BEATRICE'S POV

Mi sembra di essere tornata al giorno in cui sono scappata a Bari da Alberico. Sento la canzone che Franz mi ha cantato a scuola rimbombare tutto attorno, anche se mi trovo distesa sul letto, a casa del mio adorato nuovo ragazzo.

Alberico però non c'è.

Mi alzo e inizio a cercarlo in ogni stanza.

Ma tutte le stanze di questa casa sono vuote.

Possibile che se ne siano andati tutti?

Non riesco a capire se questo è una specie di sogno… perché all'improvviso attorno a me non c'è più l'appartamento in cui vivono Alberico e la sua famiglia, ma la casa di Francesco. Siamo qui e io apro la porta della sua stanza. Ho una strana sensazione, come se qualcosa di terribile potesse succedere da un momento all'altro, come se un mostro dalle mille teste mi attendesse in agguato appena oltre la soglia.

Invece trovo soltanto Francesco e Morgana. Lui è seduto

alla scrivania, lei è in piedi alla finestra a fumare una sigaretta.

«Beatrice!» dice Morgana. «Eccoti qua. Stavo spiegando al tuo ragazzo che se continua così finirà per non impararlo mai bene, l'inglese.»

Poi anche Morgana scompare.

Ci siamo soltanto io e Francesco.

Lui prende in mano la chitarra acustica e si mette in ginocchio ai miei piedi per suonarmi una canzone.

Questione di un attimo: mi rendo conto che con Alberico è stato tutto un sogno, che sarebbe bellissimo vivere una storia d'amore con quel ragazzo così speciale, ma io ho già il mio ragazzo speciale. Stiamo insieme da sette mesi e non vedo l'ora di arrivare al nostro primo anniversario.

Gli sorrido e ci guardiamo, occhi negli occhi.

E lo bacio.

**

ALBERICO'S POV

Francesco mi ha chiesto di lasciargli un po' di tempo: se Beatrice non si è svegliata in queste dodici ore, c'è ancora speranza per le prossime dodici.

Le sta facendo ascoltare alcune delle sue canzoni preferite con l'iPod.

Mi rendo conto che ha ragione lui, che è inutile opporre resistenza, l'ho visto in un sacco di film: la musica e la vicinanza delle persone più care possono aiutare un paziente a uscire dal coma.

A un tratto sento Francesco chiamarci a gran voce.

Corro verso la camera e spalanco di scatto la porta. Non riesco a vedere Beatrice, il suo letto è completamente circondato da infermieri e medici che le stanno facendo chissà cosa. Io sono nel panico totale. Francesco se ne sta rintanato in un angolo della stanza. A poco a poco, entrambi ci avviciniamo al letto.

Una dottoressa si volta e mi dice: «Ha aperto gli occhi, si è svegliata. Beatrice è salva. Congratulazioni» conclude sorridendo, mentre io sento che il mio cuore riprende a battere.

A poco a poco gli infermieri e la dottoressa se ne vanno e restiamo solo noi con Beatrice. Lei sembra confusa, osserva Francesco e osserva me, e alla fine sorride e sussurra: «Amore mio».

Ma lo sussurra guardando Francesco, che si avvicina per prenderla per mano. Ed è allora che Beatrice mi fissa con uno sguardo completamente privo di qualsiasi sentimento, e chiede: «E tu sei Alberico De Giglio, quello di YouTube?»

capitolo 38

BEATRICE'S POV

Mi sento stordita e confusa.

Cosa cavolo è successo? Stavo sognando o era la verità?

Mi ritrovo davanti agli occhi due ragazzi.

Uno lo conosco fin troppo bene, perché nel mio sogno di poco fa lo stavo baciando, ed è Francesco.

L'altro… l'altro ha un'aria molto familiare.

Mi sforzo di metterlo a fuoco.

La vista è ancora appannata, per questo non riesco a vedere bene tutto quello che mi circonda.

La testa mi rimbomba ed è pesante, come se qualcuno mi avesse preso a bastonate. Devo aver dormito un bel po', nelle ultime ore, ma finalmente mi sono risvegliata. Che strano, sento tutte le ossa rotte, e ho anche un sapore molto amaro in bocca.

Volto lentamente la testa verso Francesco, e allungo

una mano nella sua direzione. Ho bisogno della sua vicinanza. Capisco che dev'essermi successo qualcosa di terribile e mi serve tutto il suo appoggio, tutto il suo amore. Appena si accorge che lo sto guardando, mi sorride e si abbassa, venendo a sedersi accanto a me.

Ma c'è ancora quell'altro ragazzo.

Chi è? Dove l'ho già visto?

E soprattutto, perché è qui in questa camera insieme a me e Francesco?

Poi mi ricordo: lui è… sembra proprio identico a… ad Alberico De Giglio, un ragazzo che seguo su Twitter e YouTube. Caspita, io lo adoro. Chissà se si trova qui per caso o se qualcuno gli ha fatto sapere che una sua ammiratrice stava male.

«E tu sei Alberico De Giglio, quello di YouTube?» gli domando.

La porta della stanza si spalanca e vedo entrare una dottoressa. «Non potete stare qui» dice. «Beatrice è ancora un po' stordita… non ha nemmeno saputo dirci come si chiama, poco fa. Il trauma cranico deve averle provocato una perdita della memoria.»

Ma cosa sta dicendo?! A me non sembra proprio di aver perso la memoria.

Provo a dirglielo, ma non ne ho il tempo.

«Davvero non ti ricordi di me?» mi domanda quell'Alberico.

«Sì che mi ricordo, sono una tua grandissima fan. Ma cosa ci fai qui in ospedale?»

Lui non mi risponde. Semplicemente, si rabbuia e poi si volta per uscire dalla stanza.

Francesco lascia andare la mia mano e lo segue.

«Allora, Beatrice» mi dice la dottoressa appena rimaniamo sole. «Come ti senti? Hai capito cosa ti è successo?»

«Più o meno...» le dico, continuando a fissare la porta con aria interrogativa.

«Un'automobile ti ha investita... un pirata della strada. Il tuo ragazzo ti ha portata qui e nelle ultime quindici ore sei stata in coma. Dev'essere molto innamorato, sai. Il tuo ragazzo, intendo. Non ha voluto allontanarsi neppure per un attimo, né per dormire, né per mangiare. Anche i tuoi genitori sono stati sempre qui vicini a te. Ora li facciamo subito entrare, così...»

«Mi scusi ma... davvero Francesco è stato qui tutto questo tempo?»

«Francesco?»

«Sì... il mio ragazzo.»

«Oh, ma... io pensavo che... che il tuo ragazzo si chiamasse Alberico» conclude la dottoressa, poi si avvicina per rimboccarmi il lenzuolo. «Stenditi meglio, così... brava. Tra un attimo ti mando l'infermiera» aggiunge e poi si volta ed esce dalla stanza sbattendo la porta.

capitolo 39

Passano dieci giorni.

I dieci giorni più lunghi e confusi della mia vita, per quanto riesco a ricordare.

Il punto è proprio questo: nell'incidente ho battuto la testa e al risveglio l'effetto del trauma è che non ho più memoria degli ultimi dodici mesi della mia vita.

Così ho scoperto che praticamente ho già frequentato un altro anno di scuola, adesso ho sedici anni e mezzo e ho anche ottimi voti in tutte le materie.

Poi, una notizia che non avrei mai immaginato di ricevere: Alex e Chiara si sono fidanzati.

Incredibile.

Non me lo sarei mai aspettato.

Soprattutto, Francesco mi ha raccontato cos'è successo tra noi due. Mi sembrava uno di quei racconti durante le lezioni di italiano, con i litigi tra innamorati del Rinascimento. E invece no, siamo io e Francesco.

Pare che in realtà io e Francesco non stiamo più insieme. Sono io che l'ho lasciato dopo averlo sorpreso a baciare un'altra.

Lui si è scusato, ancora una volta, per avermi spezzato il cuore. Mi ha anche raccontato di tutto quello che ha fatto per tentare di riconquistarmi. Mi ha persino cantato una canzone davanti a tutta la scuola.

«Sono sicuro che a poco a poco ti tornerà la memoria, Bea» mi ha rassicurato Francesco. «L'hanno detto anche i medici, è una questione di tempo. Ma la cosa più importante è che tu stia bene. Non avrei sopportato che ti succedesse qualcosa. Lo sai quanto ci tengo a te, comunque andranno le cose tra noi.»

«E come andranno?» gli ho chiesto socchiudendo gli occhi. Eravamo seduti su una panchina nel cortile dell'ospedale, all'ombra di un enorme albero.

«Io per te ci sarò sempre, Bea. Anche come un semplice amico» mi ha risposto, la voce sincera, lo sguardo limpido. Ci siamo abbracciati e, anche se per me era ancora difficilissimo capire quante cose fossero accadute nell'ultimo anno, nella mia vita e nella sua, a poco a poco sono riuscita a farmene una ragione.

Francesco si è anche scusato per essere venuto qui in

ospedale. Per essersi intromesso tra me e il mio nuovo ragazzo.

E questa è la parte più difficile da accettare.

Io e Alberico De Giglio siamo fidanzati.

L'ho letto perfino sul suo profilo Facebook.

C'era un lungo post in cui raccontava di essere innamorato di una ragazza di nome Beatrice, che poi sarei io. Scorrendo indietro le fotografie sul suo profilo, ho scoperto che siamo effettivamente usciti insieme, più di una volta… Lui è corso da me per conoscermi di persona mentre si trovava a Torino per un incontro con le fan, e stavo proprio per regalargli un braccialetto che ricordava quel mesiversario quando è avvenuto l'incidente.

Alberico non si è arreso. Mi telefona tutti i giorni per sapere come sto, e a me dispiace tantissimo nascondermi dietro quei lunghi silenzi quando non so bene che cosa dirgli. Viene a trovarmi nel fine settimana, ma non si ferma mai molto a lungo e ha sempre gli occhi lucidi. Mi dispiace tantissimo per lui, dev'essere davvero innamorato e io invece… io non lo conosco nemmeno. Voglio dire, sono sempre stata una sua fan e lo sono anche ora. Mi piace averlo intorno, vederlo sorridere e prendersi cura di me. Ma non so nemmeno com'è iniziata questa storia. Sono tornata a ritroso a leggere tutti i messaggi che ci siamo scambiati su Twitter prima, e su WhatsApp poi, ma purtroppo più li leggo più sento la confusione aumentare nella mia mente.

Se solo potessi ricordare…

E invece no.

Più mi sforzo, più trovo il vuoto.

Non riesco a ricordare nulla. In compenso, però, le mie condizioni fisiche sono migliorate e i dottori hanno detto che potrei andarmene dall'ospedale già nel giro di uno o due giorni. Visto che mi sento meglio, oggi decido di fare un giro giù fino al bar. Ormai riesco benissimo a camminare con le mie gambe e poi con questo caldo ho una voglia matta di mangiarmi un gelato buono, di quelli con il biscotto intorno e la copertura di cioccolato fondente. La mamma ha detto che lo vendono al bar dell'ospedale e allora scendiamo insieme a prenderlo.

Lo addento come se fosse il primo gelato che mangio in vita mia, sotto lo sguardo divertito di mia madre. Mi vengono anche i baffi di cioccolato intorno alla bocca e lei insiste per pulirmeli con il tovagliolo, come se fossi una bambina… questo no, non lo posso accettare, ho quindici anni, ormai… anzi no, ne ho sedici. Sedici e mezzo.

Le giornate qui possono diventare lunghissime e noiose, così, tanto per fare qualcosa, ci mettiamo a curiosare tra le cianfrusaglie in vendita al bar. Una specie di piccolo bazar. Hanno di tutto. Pasta e biscotti. Borse in finta pelle. Mollette e collane. Orologi e lampade da tavolo da regalare, di quelle rivestite di stoffa, e hanno anche quelle bellissime lampade che proiettano alcune immagini sui muri girando e girando mentre sono accese... Anche se siamo fuori stagione, appese a un gancio ci sono perfino alcune confezioni di piccole lucine di Natale.

Le guardo e mi blocco all'istante.

Piccole lucine di Natale. All'improvviso avverto una vertigine fortissima, una specie di terremoto interiore. E intorno a me si fa di nuovo buio. Il buio più totale. Riesco solo a sentire la voce di mia madre che urla il mio nome e il tocco rassicurante delle sue braccia che si tendono per afferrarmi, per impedirmi di cadere.

**

Mi trovo in un posto che non saprei descrivere. Una specie di piccola cabina. Completamente attorniata da una miriade di lucine, come quelle degli alberi di Natale. Sono tantissime, e risplendono intorno alla sagoma di un ragazzo che, seduto al mio fianco, mi sorride.

Lo riconosco, è Alberico. Il *mio* Alberico.

Lo adoro, anzi no, lo amo alla follia.

Lui è tutta la mia vita e io ho fatto la cosa più pazza del

mondo, ho detto una clamorosa bugia ai miei genitori, pur di trovarmi qui con lui in questo momento.

«Se mi metto qui al posto del guidatore posso guardare le stelle e nessuno mi disturba» mi dice Alberico. «E mi piace sempre immaginare che da qualche parte anche la mia anima gemella sta guardando quelle stesse stelle. Oggi non c'è bisogno di immaginarlo, però, perché tu sei già qui.»

Mi porge una mano e mi siedo accanto a lui. Mi continua a stringere la mano e mi bacia.

Questo è il bacio più perfetto e indimenticabile di tutti i tempi.

Come è potuto succedere che io dimenticassi una parte così fondamentale della mia vita?

capitolo 40

Mi risveglio nel letto della mia camera, in ospedale.

Fuori è ormai sera e in lontananza, al di là dei vetri, posso scorgere le mille luci rossastre del tramonto.

Sul comodino è appoggiato il vassoio della cena, che qui servono sempre a orari degni della regina d'Inghilterra: più che una cena, un tè delle cinque.

C'è Giovanni seduto accanto a me, e mi sorride nell'istante in cui apro gli occhi.

Sto morendo di sete e ho anche molta fame, ma appena mi rendo conto di quello che è successo, me ne frego di tutto e di tutti, prendo il telefono e chiamo Alberico. Finalmente ho dato un senso a tutti questi messaggi e a tutto quello che lui ha tentato di farmi ricordare in questi dieci giorni.

Francesco non c'è più nella mia vita, è una storia morta e sepolta.

Alberico risponde al terzo squillo.

«Amore mio» gli dico immediatamente. A queste parole, Giovanni capisce con chi sto parlando e, per lasciarmi un po' di privacy, si alza e mi fa cenno con la mano, come a dire che se ne starà appena fuori dalla camera, in corridoio.

«Cos'hai, piccola?» mi chiede Alberico, e posso sentire il filo di speranza nella sua voce.

«Mi sono ricordata tutto, sai… così all'improvviso. Ero giù al bar con mia madre e… ho visto delle lucine di Natale e insomma… dovevo solo recuperare la memoria. Dove sei adesso? Puoi venire qui da me?»

Per alcuni secondi Alberico non riesce a rispondermi. Lo sento singhiozzare e sospirare al tempo stesso. Sono sospiri di sollievo.

Mi appoggio una mano sulla fronte, pensando tra me e me a quanto avrà sofferto Alberico sentendosi completamente cancellato dalla mia vita.

«Te lo ricordi davvero?» mi domanda.

«Certo che sì… mi dispiace tantissimo, amore mio. Non posso neanche immaginare cosa puoi aver passato in tutti questi giorni.»

«Quello che hai passato tu. Mi sentivo come in un buco nero.»

«Ma il peggio è ormai alle spalle» rispondo, e tra me e me spero veramente che sia così.

**

Due ore dopo, mia mamma è di nuovo accanto a me. Devo essermi riaddormentata. Mi spiega che i medici mi hanno fatto una nuova iniezione di antidolorifico, che hanno ritirato il vassoio della cena ma possiamo chiamare Giovanni e farci portare qualcosa, e soprattutto che, avendo recuperato la memoria, già domani potrò di sicuro tornare a casa.

«Dov'è Alberico, mamma? Ho bisogno di vederlo» le domando e lei sorride.

«Alberico… in realtà è qui a Milano. Dal giorno dell'incidente non si è mosso da dietro quella porta fino a quando non hai ripreso conoscenza, e dopo… dopo è rimasto a dormire da noi, sai, per tutto questo tempo, in attesa che tu recuperassi la memoria. Dovrebbe arrivare a momenti, ha detto che voleva portarti una sorpresa» conclude e poi esce dalla stanza, per andare a prendermi una bottiglietta di acqua fredda.

Alberico non mi ha lasciata un secondo sola.

Tutto questo mi rende immensamente felice, ma allo stesso tempo mi fa sentire terribilmente in colpa.

La porta si riapre, mostrando un ciuffo castano. Eccolo, il mio Alberico. Ha in mano un enorme mazzo di fiori, che riconosco immediatamente: sono tanti girasoli gialli, gli stessi di cui avevamo parlato nel nostro primo tweet.

**

ALBERICO'S POV

Sento il cuore esplodere per la felicità.

La felicità di sapere che Beatrice è di nuovo la mia Beatrice, che tutto il tempo passato insieme non è stato inghiottito da un buco nero.

Mi sembra incredibile, meraviglioso, un vero e proprio miracolo.

Ho girato tra tutti i fiorai della città per trovare i fiori che sono il simbolo del nostro amore, ed eccoli qui. Spero che le piacciano.

Apro la porta, e poi me la richiudo alle spalle.

Ho aspettato per dieci giorni questo momento.

La vedo piccola e fragile proprio lì, su quel lettino grigio.

Il suo corpo non è più collegato a tutti quei macchinari e non è più pieno di tubi e aghi, a parte uno che serve per la flebo.

Mi avvicino e lei mi sorride. Un sorriso che illumina la stanza.

Il suo viso è stanco, i suoi occhi sono contornati da una

sfumatura di viola, ma è comunque bellissima. Lei è bellissima in ogni caso.

«Ehi, bimba» le dico sorridendo a mia volta.

Finalmente vedo i suoi occhi rischiararsi e il suo sorriso aprirsi ancora di più. Credevo che non avrei mai più visto quest'espressione, questa fiamma di amore per me. Temevo che l'incidente l'avesse spenta per sempre.

Oddio, quanto mi sono mancati i suoi occhioni blu.

Il solo pensiero di non rivederli mai più mi uccideva. Ma ora non potrà più succedere.

«Ti prego, abbracciami» mi sussurra.

Rimango per un momento immobile alla sua richiesta, ma poi la accontento. Anche io ho bisogno di abbracciarla.

Mi avvicino e la stringo a me con delicatezza, per paura di farle male. In questo momento sembra così fragile che temo possa spezzarsi anche con un soffio di vento, proprio come i fiori che le ho portato e che si stringono insieme a noi in questo abbraccio.

**

BEATRICE'S POV

Improvvisamente, non ce la faccio più e scoppio a piangere e a singhiozzare appoggiando la testa sulla sua spalla, stringendo nel pugno il tessuto della sua maglietta.

«Ehi, ehi, ehi. Piccolina, cos'hai adesso?» mi domanda lui preoccupato, mentre io cerco di nascondere il viso tra le mani.

Mi stringe forte, avvolgendo le braccia intorno al mio corpo.

Appoggia un dito sotto il mio mento e lo solleva, così sono obbligata a guardarlo negli occhi.

«Perché piangi?» mi sussurra, con un tono così dolce e comprensivo che subito mi rasserena un po'.

«Ho paura di perderti, Alberico, ecco. Ho paura che possa succedere di nuovo qualcosa che ti porterà lontano da me, in un modo o nell'altro. Ho paura che un giorno ti stancherai di me, perché troverai qualcuno di decisamente migliore e che potrà darti molto di più di quello che in realtà posso darti io. Perché dai, ammettiamolo, io non ti merito» dico, asciugandomi con il palmo della mano le ultime lacrime rimaste sulle mie guance.

Lui scuote la testa, continuando a tenere gli occhi fissi su di me, e nel suo sguardo vedo passare una miriade di emozioni: gioia, dispiacere, preoccupazione, sollievo.

Appoggia entrambe le mani sulle mie guance per far sì che io continui a guardarlo.

«Bea, cosa stai dicendo? Chi te le mette in testa queste cose? Ascoltami, ti prego. Non so cosa ti prenda, ma voglio assicurarti che mai, ripeto mai, andrò via da te. E poi, tu mi dai tutto quello di cui ho bisogno, di cui ho sempre avuto bisogno. L'amore, ad esempio. Se qualcuno non merita qualcuno, qui sono io che non merito te. Sono io che sarei dovuto finire sotto quella macchina. Sono io che senza di te non esisto» dice e quando ha finito il discorso mi sorride, lasciando un leggero bacio all'angolo della mia bocca.

Quando finalmente mi calmo, iniziamo a chiacchierare come ormai non facevamo da troppo tempo.

Poi, d'un tratto, gli faccio una domanda che mi viene dal cuore e che mai avrei pensato di fare.

«Cos'è che ti piace di me?» gli chiedo, ma me ne pento subito dopo.

Lui sembra sorpreso da quella domanda improvvisa, ma non si tira indietro e risponde: «Di te amo tutto, sul serio. Può sembrare banale, magari lo è, ma davvero, non riesco a trovare imperfezioni in te. Amo i tuoi capelli, le tue labbra carnose, i tuoi occhioni blu che guarderei per tutta la vita, il tuo magnifico corpo che con un solo movimento riesce a mandarmi fuori di testa e a farmi perdere il controllo. Amo essere toccato da te. Amo il calore della tua pelle e il tuo profumo. Amo il tuo modo di parlare e di gesticolare. Amo baciarti e accarezzarti. Amo quando sei arrabbiata e amo stuzzicarti facendoti arrabbiare ancora di più. Amo sentirti ridere e vederti felice, sembri una bimba, la mia bimba. Amo te. Sì, ne sono sicuro. Ti amo, ti amo più della mia stessa vita» dice, con gli occhi lucidi.

Sono così spiazzata dalle sue parole, e allo stesso tempo così felice. Lo amo immensamente. Vorrei stare con lui per sempre.

capitolo 41

Il sole si riflette come una miriade di sorrisi smaglianti sulla superficie dell'acqua. L'acqua del mare di Bari.

Mi rigiro pigramente sotto l'ombrellone mentre aspetto che Alberico torni dal bar.

Siamo partiti appena è stato possibile e questa volta i miei genitori non hanno avuto niente da obiettare.

Siamo nel pieno dell'estate, ho recuperato tutta la memoria e il mio ragazzo ha deciso di portarmi qui a trascorrere una vera vacanza insieme a lui. Almeno per il momento, non ho alcuna intenzione di pensare alla distanza che prima o poi tornerà a dividerci, né a quanto sarà straziante doverci separare ancora una volta al termine di questo sogno insieme, al termine di quest'estate meravigliosa.

Sì, la voglio chiamare estate meravigliosa, anche se è la

stessa identica estate in cui per colpa di quel pirata della strada ho rischiato di perdere tutto.

Chiudo gli occhi e respiro a fondo, e in quel momento sento un brivido di freddo su una spalla. Riaprendo gli occhi vedo che c'è Alberico accanto a me. Per farmi uno scherzo mi ha appoggiato sulla spalla una bottiglietta d'acqua ghiacciata. Mi viene la pelle d'oca e faccio un balzo come se quel ghiaccio mi avesse bruciato la pelle.

«Scemo!» dico tirandogli uno schiaffetto e ridendo.

Anche lui se la ride e poi mi si butta addosso come se stessimo nel bel mezzo di una partita di rugby. Il lettino oscilla e sento la sabbia scricchiolare mentre Alberico si stende accanto a me e mi sorride. Non riuscirò mai ad abituarmi a tutto questo: ogni volta che lo guardo non posso fare a meno di sentire il mio respiro smorzarsi, mentre mi rendo conto di quanto è bello. Bello davvero al punto da togliermi il fiato.

«Tutto a posto?» mi domanda.

«Certo, sì...» rispondo mentre sposto lo sguardo sull'ombrellone e gli rubo dalla mano la bottiglietta d'acqua. Ma è troppo scivolosa e non riesco ad aprirla.

«Dai qua» dice lui, svita il tappo e me la porge.

Ce ne stiamo a sonnecchiare sotto l'ombrellone per tutto il pomeriggio. In realtà stiamo solo aspettando l'ora di cena per tornare a casa: i genitori di Alberico e sua sorella andranno a una festa a casa di amici e finalmente avremo la casa tutta per noi. Così, quando il sole inizia a tramontare, raccogliamo le nostre cose e ce ne andiamo via dalla spiaggia.

**

Lasciamo gli zaini all'ingresso e Alberico entra in cucina. La strada del ritorno è stata un incubo di caldo e siamo tutti e due sudati e assetati.

«Ho bisogno di fare una doccia» dico.

«Vieni con me.» Alberico mi prende per mano e mi porta in bagno, chiudendo la porta a chiave.

«Ecco, sì, cosa ci fai qui?» dico, guardandolo con un sopracciglio alzato.

«Faremo la doccia insieme, ovvio» risponde sorridendo, mentre si toglie la maglia.

Io e lui, nella stessa doccia, nudi.

Si toglie anche i pantaloni e li butta a terra.

Si avvicina a me e mi sfila il top nero, gettandolo accanto ai suoi jeans.

Abbasso lo sguardo imbarazzata, cercando di nascondere il rossore sul mio viso.

Lui se ne accorge, prende le ciocche di capelli che mi sono lasciata scivolare sul volto e le accarezza delicatamente all'indietro.

«Amore, non c'è nulla di cui vergognarsi. Siamo solo io e te, e non dobbiamo fare nulla che tu non voglia...» dice, con un sorriso rassicurante.

E poi mi dà un bacio leggero sulle labbra.

Prendo coraggio e mi sbottono i pantaloncini, facendoli scivolare a terra. Alberico mi sorride dolcemente, mi prende per i fianchi e mi gira. Così mi ritrovo a voltargli la schiena, mentre lui mi sposta tutti i capelli su una spalla.

Mi stampa un bacio sulla spalla sinistra e poi le sue mani arrivano a toccare il gancio del mio costume. Ci mette un po' prima di riuscire ad aprirlo, poi abbassa le spalline. E anche il mio reggiseno finisce sul pavimento del bagno.

Mi rigiro, guardandolo negli occhi e sorridendo timidamente. Porto le mani ai lembi delle mutandine e abbasso anche quelle.

Alberico continua a guardarmi negli occhi, capendo che sto tremando per la timidezza. Lo ringrazio mentalmente, mi sento molto meno in imbarazzo in questo modo. Mi sento al sicuro. Con un movimento veloce si toglie i boxer e io arrossisco ancora di più.

Insomma, è la prima volta che mi faccio vedere completamente nuda da un ragazzo, e sono felice di poter dire che si tratta di Alberico, l'amore della mia vita.

Dieci minuti dopo ci troviamo dentro la doccia, mentre

le gocce d'acqua calda scorrono sui nostri corpi abbronzati.

L'imbarazzo è completamente sparito, ridiamo e scherziamo come se fosse la cosa più naturale del mondo. Essere nudi, insieme.

Io lavo i suoi capelli e lui lava i miei. A dir la verità, è un disastro nel lavarmi i capelli, dato che tutto lo shampoo mi va a finire negli occhi, che bruciano.

Quando finiamo, usciamo dalla doccia e lui prende due enormi asciugamani. Me ne avvolge uno intorno alle spalle e l'altro lo tiene per sé.

Ritorniamo in camera e, ancora una volta, Alberico chiude la porta a chiave.

Mi sorride e si avvicina, mi appoggia le mani dietro la schiena, tirandomi a sé fino a far combaciare i nostri corpi.

Mi dà un veloce bacio a stampo, ma io a questo punto ho bisogno di molto più.

Approfondisco il bacio, e lui chiede l'accesso con la lingua alla mia bocca. Succede tutto così in fretta... in un sussurro gli chiedo di mettersi il preservativo, perché so che è il momento giusto, speciale, quello che avevo sempre aspettato. Continua a baciarmi e ad accarezzarmi, e quando entra in me gemo per il dolore. A mano a mano però il dolore si trasforma in piacere e ho la consapevolezza che sto facendo l'amore con la persona che più amo al mondo. Inizio ad accompagnare i movimenti di Albe.

Entrambi cominciamo a gemere e lui mi morde le labbra, forse per evitare che qualcuno dei vicini ci senta.

«Sei ancora più bella mentre facciamo l'amore» sussurra Alberico al mio orecchio.

Appoggio le mie mani sulla sua schiena e mi aggrappo a lui. Chiudo gli occhi e affondo le unghie nella sua pelle, graffiandogli la schiena. E anche se cerchiamo di essere il più silenziosi possibile, sono sicura che qualcosa si è comunque sentito al di fuori della camera.

«Ti amo. Ti amo tantissimo» dice e morde leggermente la pelle della mia spalla.

I miei muscoli cominciano a tendersi e quella sensazione di piacere diventa sempre più intensa.

«Beatrice» mormora, e il mio nome sussurrato da lui in questo modo basta per mandarmi al limite. Raggiungiamo l'apice quasi nello stesso momento.

Lui si stacca da me e si stende, coprendo i nostri corpi nudi con le lenzuola.

«Stai bene? Ti ho fatto male?» dice evidentemente preoccupato, girando il viso verso di me e guardandomi.

«Sto bene» rispondo sorridendo per rassicurarlo.

Non è una bugia, io sto bene per davvero. Non sono mai stata meglio di così.

«Ora sei mia in tutti i sensi» dice con un leggero sorriso.

«Ti amo» sussurro.

«Ti amo anch'io, principessa.»

Poco dopo ci addormentiamo abbracciati, ancora nudi.

È stata la notte più bella della mia vita.

epilogo

«Questo dove lo metto?» chiedo mentre a fatica estraggo da uno scatolone lo skateboard di Alberico.

La mia voce attraversa il corridoio e si perde tra i mille angoli ancora spogli della sua nuova casa.

Dalla cucina, sbuca Alex con il volto macchiato di bianco. Sta aiutando Alberico a ritinteggiare i muri, e ormai non dovrebbe mancare molto a giudicare dalla quantità di chiazze di colore che ha addosso.

In salotto, accatastati come in un magazzino, ci sono tutti gli scatoloni del trasloco.

Già, ora che ha finito il liceo, e dopo aver preso un ottimo voto all'esame di maturità, Alberico è riuscito a convincere i suoi genitori a consentirgli di trasferirsi a Milano per stare più vicino a me.

Niente più distanza.

Niente più sofferenza.

Se ripenso a quanto abbiamo dovuto combattere per riuscire a stare insieme… quasi quasi mi vengono le lacrime agli occhi.

«Albe, mi hai sentita?» grido ancora e dal bagno vedo uscire Alberico con la maglietta completamente fradicia.

«Oddio, cos'è successo?» gli domando con un sorriso a fil di labbra.

«Mi sa che non sono molto bravo con questa roba» dice lui, ridendo a sua volta. Stringe tra le dita un flacone di detersivo. «Insomma, come si fa a mettere a mollo una maglietta senza svuotare mezza bottiglia di detersivo? Mia mamma la fa tanto facile.»

«Albe, mi sa che è meglio se i vestiti li porti in lavanderia» dice Alex dandogli una pacca sulla spalla.

Una delle altre cose meravigliose e inaspettate di questo periodo è che Alex e Alberico sono diventati grandi amici. Ancora non me ne capacito, mi sembra tutto un sogno… E il sogno viene interrotto dal citofono.

Dev'essere Chiara, è uscita a comprare la pizza perché dopo un intero pomeriggio di lavoro stiamo tutti morendo di fame. Pizza e birra per brindare, perché Alberico si è trasferito, perché oggi è ufficialmente l'ultimo giorno di vacanza, e perché è semplicemente incredibile trovarsi qui, tutti insieme.

**

Quando abbiamo finito di mangiare, sullo schermo dello smartphone cerchiamo l'inquadratura perfetta. Alex e Chiara se ne stanno sulla sinistra, stretti in un abbraccio, e io e Alberico a destra. Sul pavimento e sul tavolo di fronte a noi c'è un tripudio di bicchieri e posate di plastica, bottiglie e cartoni della pizza, e ora vorrei farci un selfie, ma senza inquadrare tutto quel caos.

«Guarda, è meglio se ci giriamo dall'altra parte» dico e ci voltiamo tutti in modo da avere il tavolo alle nostre spalle.

Sento un braccio di Alberico intorno alla vita, il calore del suo corpo, il respiro che mi fa il solletico sul collo. Io e Chiara ci guardiamo negli occhi, e sono sicura che a entrambe brillino per la felicità. In questo sguardo c'è tutta la nostra amicizia.

Chiara sa benissimo quello che ho passato. Sa quanto ci tenessi ad Alberico, fin dall'inizio, e per molto tempo lei è stata l'unica a sapere che cosa stava succedendo tra noi, l'unica a conoscenza del fatto che mi stavo innamorando.

«Allora, dite *merda*» bisbiglio prima di scattare. Così scoppiamo tutti a ridere e nella fotografia alla fine sembriamo quattro deficienti che si stanno divertendo come non mai.

In effetti, è proprio così.

Questo è l'inizio di una nuova vita. Non importa se da lunedì dovrò tornare a quel luogo di tortura che si chiama liceo.

Incredibile: mi attende un altro lunghissimo anno scolastico, ma mi sento felice. Felice da qui alla Luna. Perché so che sarà un anno diverso da tutti gli altri. Con Alberico.

ringraziamenti

Sono contenta di essere arrivata fin qui, e per questo devo ringraziare l'intero staff di DeA Planeta Libri, il direttore editoriale Annachiara Tassan, e Web Stars Channel.

Un grazie speciale va alla mia editor Francesca Guido. Grazie mille per le lunghe telefonate, per la gentilezza e la pazienza. Non ci sono abbastanza parole per ringraziarti nel modo giusto.

Grazie anche a Manuela Piemonte, che mi ha aiutato a rendere speciale questa storia.

Grazie a Elena Scanferla, per aver creato una copertina davvero strepitosa, e grazie anche a Marco Santini, l'art director.

Grazie a tutta la redazione. In particolare alla redattrice Alice Cominotti e al caporedattore Mattia Fontana.

Grazie anche a Paola Balzaretti, la responsabile dell'ufficio diritti, e a Raffaella Bianucci, la responsabile marketing.

Grazie di cuore ai miei genitori, Nicola e Daniela, che mi sono stati accanto in ogni istante e mi hanno supportata in tutto. Grazie anche a mio fratello Severino, che mi ha contagiata con la sua passione per Alberico.

Certamente, grazie ad Alberico De Giglio, che ha dato vita a un sogno.

E poi grazie ai miei fantastici lettori di Wattpad, grazie per i messaggi e per le bellissime parole che mi scrivete ogni giorno.

Grazie a tutti!

Nella stessa collana

R. Graudin, *Wolf. Il giorno della vendetta*

J. Klein, *Playlist*

K. McGarry, *Un cuore bugiardo*

D. Pearl, *Ruin Me*

L. Rubin, *Birthdate*

P. Zannoner, *L'ultimo faro*

J. Niven, *L'universo nei tuoi occhi*

A. Royer, *Ricordati di dimenticare*

J. McNelly,*Le ragazze vogliono la luna*

A. Plum, *If I Should Die*

G. Moldavsky, *The Boy Band*

C. Ahern, *Flawed*

D. Reinhardt, *Il Club delle Seconde Occasioni*

S. Young, *The Recovery*

S. Young, *The Treatment*

J. Buxbaum, *Dimmi tre segreti*

M. Bedford, *Tutta la verità su Gloria Ellis*

K. McGarry, *Una sfida come te*

R. Graudin, *Wolf. La ragazza che sfidò il destino*

L. Sales, *Resta con me fino all'ultima canzone*

A.G. Bailey, *Perfect*

E. Laure, *La notte che ho dipinto il cielo*

B. Ashton, *Everneath*

A. Plum, *Until I die*

M. McStay, *La strada che mi porta a te*

L. Rubin, *Deathdate*

A. Talkington, *Liv, forever*

S. Bowen, *Prendimi per mano*

S. Perkins, *Il primo amore sei tu*

J. Niven, *Raccontami di un giorno perfetto*

L. Hillyer, *Per un attimo e per sempre*

C. Philpot, *Nemmeno in paradiso*

P. Zannoner, *A piedi nudi, a cuore aperto*

K. McGarry, *Un'estate contro*

E. Cahill, *Regole d'amore per amici confusi*

R. Serle, *Io, Romeo e Giulietta*

S. Young, *The Program*

K. West, *Reflections*

S. Perkins, *Il primo bacio a Parigi*

A. Plum, *Die for me*

V. Roth, *Four*

J. Murphy, *Amore e altri effetti collaterali*

C. Moracho, *Althea & Oliver*

A. Carter, *Spy Girls - Me la cavo da sola ma insieme si spia meglio*

K. McGarry, *Scommessa d'amore*

H. Fitzpatrick, *Quello che c'è tra noi*

E. Lockhart, *L'estate dei segreti perduti*

A. Puleo, *Gli infiniti battiti del mio cuore*

A. Carter, *Spy Girls - Potrei stare ad aspettarti ma è meglio se ti vengo a cercare*

A. Carter, *Spy Girls - Non mi fido di te ma il rischio è il mio mestiere*

V. Roth, *Allegiant*

S. Winnacker, *Alter Ego*

K. McGarry, *Oltre i limiti*

A. Cremer, *Nightshade*

A. Cremer, *Wolfsbane*

E.J. Allibis, *Primal Spirit. Immortal*

E.J. Allibis, *Unika - La Trilogia*

A. Carter, *Spy Girls - Sono come mi vedi ma l'apparenza inganna*

A. Carter, *Spy Girls - Giuro di dire la verità ma tu non credermi*

A. Carter, *Spy Girls - Vorrei dirti che ti amo ma poi dovrei ucciderti*

A. Cremer, *Bloodrose*

E.J. Allibis, *Unika - Il Capitolo Segreto*

E.J. Allibis, *Unika - L'Ultima Porta*

E.J. Allibis, *Unika - La Fiamma della Vita*

V. Roth, *Insurgent*

S. Mlynowski, *10 cose che abbiamo fatto (e forse non avremmo dovuto)*

V. Roth, *Divergent*

K. Cashore, *Bitterblue*

K. Cashore, *Fire*

K. Cashore, *Graceling*